LE PETIT LIVRE DE
UN ENFANT SEREIN

Gilles Diedrichs

FIRST
Editions

ISBN : 978-2-7540-7261-8

Dépôt légal : avril 2015
Imprimé en Italie
Couverture : Olivier Frenot
Mise en page : Graph'im 64
Édition : Audrey Bernard
Préparation de copie : Odile Raoul
Illustrations : Timtimsia

Éditions First, un département d'Édi8
12, avenue d'Italie
75013 Paris – France
Tél. : 01 44 16 09 00
Fax : 01 44 16 09 01
e-mail : firstinfo@efirst.com

site internet : www.editionsfirst.fr

Sommaire

Introduction

Les enfants subissent aujourd'hui de plein fouet le stress de leurs parents. Crise économique, familles recomposées, doute et manque de confiance dans l'avenir, les adultes sont déjà trop préoccupés par leur propre vie pour être vraiment disponibles pour toutes les phases naturelles de la croissance que connaissent leurs enfants. Ayant du mal à gérer leurs incertitudes, ils transmettent à leurs proches leur anxiété, et parfois les humeurs qui en résultent.

D'un autre côté, l'alimentation souvent débridée, l'abus d'images qui stimulent à l'excès leur cerveau et le fait de passer des heures assis aussi bien à l'école que devant un écran font que les enfants ne sont plus en mesure de réguler leur influx nerveux (l'aller-retour entre le cerveau et les capteurs du corps).

Telles des piles électriques, ils cumulent des périodes de trop-plein d'énergie. Celles-ci s'expriment différemment selon les enfants, mais généralement durant les mêmes événements du quotidien : le matin à la maison, en classe (d'où un manque de concentration et d'envie d'apprendre), dans l'après-midi (où ils sont déjà fatigués et absents), après l'école (excitation accrue et refus de faire ce qu'on leur demande) et le soir (avec une résistance à l'endormissement).

À un moment se rencontrent donc parents et enfants sur le même terrain : celui du stress et de la non-communication !

Des solutions bien-être sur une journée

Ce petit livre se propose de suivre une journée parents-enfants en apportant des solutions bien-être aux séries d'épreuves que vivent régulièrement toutes les familles : dès le matin, l'opposition à la composition du petit déjeuner, le refus de l'hygiène, les rivalités entre frères et sœurs, les premières indisciplines quant au parcours pour aller à l'école, les passages de « j'veux pas y aller »… jusqu'au soir et le refus du sommeil.

Les méthodes sont simples et éprouvées : respirations adaptées, postures physiques, yoga, automassage, diététique, relaxation antistress, jeux de déduction, sophrologie, art-thérapie, travail des mandalas, méditation, atelier d'écriture, idées d'activités nature, jeux avec les cinq sens…

Toutes ces idées sont facilement applicables au quotidien et surtout efficaces. L'implication des parents dans ce processus est vital, car des parents investis dans l'éducation de leurs enfants transmettent une volonté de communiquer et de partager. Ils apprennent autant des enfants que réciproquement et deviennent parents grâce aux enfants.

Des encadrés rappelleront régulièrement aux parents ce qu'ils doivent aussi comprendre des caprices répétés, des accès de colère, des passages de repli sur soi et des cauchemars que les enfants vivent et font subir. Il y a toujours une information à glaner derrière toutes ces manifestations de vie

Sachez qu'un enfant calme est un enfant en harmonie. Cela ne signifie pas qu'il est silencieux et qu'il fait tout ce qu'on lui demande sans problème, mais qu'il est tout simplement disponible à ce qu'il vit. Sa personnalité propre peut ainsi comprendre et agir selon sa propre expression. Il a facilement accès à toutes ses nombreuses ressources et vit et s'exprime dans le respect du collectif.

Comprendre l'évolution de l'enfant d'aujourd'hui

Un jeune enfant qui se construit au quotidien reçoit beaucoup plus d'informations sur le monde qui l'entoure que ne le pensent les parents. Alors qu'il est en pleine croissance, physique et affective, les premiers smartphones, l'accès Internet, les programmes TV, les réseaux sociaux, les échanges et les questionnements entre copains et copines font qu'une pléthore de stimuli, qu'il ne sait pas encore trop gérer, vient saturer sa compréhension des fonctionnements du monde.

On ne parle plus que d'un seul pays et de son mode de vie, mais de l'Europe. On n'évoque plus seulement un événement arrivé près de chez soi, mais aussi un autre, qui s'est déroulé à 3 000 km. Un enfant voit des parents qui ne travaillent pas pour cause de chômage et des milliardaires qui s'ébattent en Jet-Ski. Ses parents ont plus envie de donner leur affection à un chien-robot qui dit 30 mots, plutôt qu'à un petit chien qui les encombrerait. Il n'a plus à participer aux courses et à voir ou sentir des fruits et des légumes, il peut choisir sur Internet avec ses parents et se faire livrer. Les plats tout faits présentent des si belles couleurs et les sodas sucrés sont tellement meilleurs que l'eau minérale ! Et le poisson carré tout pané est beaucoup plus joli et sent meilleur que le poisson à l'étalage…

Sans grossir le trait, la manière dont l'enfant apprend le monde et s'y meut n'est plus du tout la même qu'il y a quelques années. Cela veut simplement dire : à nouveau problème, nouvelles solutions. Le développement personnel de l'enfant doit intégrer le quotidien qu'il vit. La plupart du temps, il doit carrément réapprendre la bonne posture corporelle, à respirer en toute conscience, à faire le silence, à s'occuper par la créativité avant tout, à distinguer le goût du romarin de celui de la menthe et à écouter les sons de la nature plutôt que celui du clic de la souris de l'ordinateur… On serait tenté de dire : faire des choses de son âge.

C'est pour cela que beaucoup de petites activités sont proposées. Il vous faudra « piocher » parmi les idées présentées, selon votre ressenti et la manière dont réagit votre enfant. Ces propositions ne vont pas à l'encontre de ce que votre enfant entreprend dans le monde d'aujourd'hui, mais complémentaires. Elles l'accompagnent, le bonifient et deviendront un fil conducteur clair et cohérent, qui lui évitera d'être en décalage permanent avec la réalité. En effet, le problème actuel, c'est que, un jour ou l'autre, l'enfant doit se confronter à une réalité très directe et faire des choix à assumer au présent. Surtout, ces choix induisent des conséquences. Et quand le décalage entre absence du monde et présence dans le monde s'efface, commencent alors les problèmes de fuite de la réalité et de volonté réelle de tout faire pour ne pas s'y intéresser. Et là, tout devient beaucoup plus compliqué, surtout quand arrive l'adolescence, avec sa cohorte de changements d'humeur. Commencez au plus tôt à mettre régulièrement en place cette méthode simple et ludique. C'est aussi une manière de vous intéresser positivement à votre enfant, ce qu'il ressentira lui aussi.

I - Le matin à la maison

Le matin, c'est la mise en jambe de la journée il faut partir du bon pied. Ce n'est pas simple de donner de l'entrain. Pour cela organisez-vous plutôt que d'improviser. Le plus important, c'est que tout soit fait avant de partir à l'école.

Préparez-vous la veille avec fiches et check-lists

Si possible, la veille au soir, écrivez vous-même le temps dédié à chaque tâche avant l'école.

Fiche d'évaluation enfant

Temps évalué pour que mon enfant :

- se lève dans un temps raisonnable pour ne pas contrarier l'organisation familiale : ....
- passe aux toilettes, se débarbouille (ou prenne une douche) : ....
- petit-déjeune et range ses couverts : ....
- s'habille : ....
- se prépare à partir avec cartable, manteau, etc. : ....

Temps total : ....

Pensez à ajouter un tiers de temps en plus si vous avez plusieurs enfants.

Fiche de rééquilibrage

Écrivez concrètement là où vous pourriez gagner du temps et comment réaliser cela ou, au contraire, là où vous pourriez aménager plus de temps pour mieux vivre ce qu'il y à faire, quand c'est possible.

Fiche d'évaluation parents

Il est évident (mais pas forcément aisé à mettre en place), que les parents doivent se lever avant les enfants. Afin de mettre toutes les chances de votre côté, remplissez aussi votre petite fiche.

Temps évalué pour :

- vous lever dans un temps raisonnable pour ne pas contrarier l'organisation familiale : ....
- passer aux toilettes, se débarbouiller (ou prendre une douche) : ....
- s'habiller : ....
- s'organiser pour partir à pied ou en voiture (trajet pour emmener l'enfant à l'école compris) : ....

Temps total : ....

Cela vous donne donc l'heure de votre réveil, mais aussi de votre coucher, en prenant comme base qu'un adulte de 25 à 50 ans a besoin de 7 heures de sommeil...

Un matin sans stress se prépare la veille. Si vous voulez éviter de rentrer dès le réveil dans le conflit et l'énervement, il vous faut procéder à quelques minutes d'aménagement le soir même.

Check-list du soir

- Préparez les vêtements que portera l'enfant le lendemain sur la chaise de sa chambre. Choisissez avec lui avant le coucher. Attention : ce qui est choisi la veille doit être porté le lendemain.
- Vérifiez si son cartable est bien rempli de cahiers, stylos...
- Évitez la sortie du petit déjeuner avec les portes de placard qui claquent, le bruit des bols sur la table... Préparez tout cela avant de vous coucher. Faites un seul choix de petit déjeuner. Veillez à faire les courses afin de ne pas vous retrouver en panne.
- Préparez l'en-cas de 10 heures ou le déjeuner ou le goûter, si possible.
- Mettez à disposition brosse à dents, savon et serviette.

En tant que parent, incluez-vous dans cette check-list, que vous pouvez bien sûr compléter.

De bonne humeur le matin

La bonne humeur, c'est aussi une question d'éducation. Des parents hirsutes et bougons, ça existe ! Mais mieux vaut éviter. Vous êtes le repère, la personne qu'il faut suivre dès le matin. Vous échappez aux oppositions systématiques si, chaque matin, vous offrez une humeur stable à vos enfants.

N'improvisez pas chaque jour, les enfants vous écouteront encore moins qu'avant. Même si cela paraît répétitif, le fait de savoir qu'ils arrivent en territoire connu chaque fois qu'ils s'éveillent est beaucoup plus constructif pour leur journée que de commencer dans le speed et le n'importe quoi.

Les simulateurs d'aube

Si vous le pouvez, investissez dans des simulateurs d'au
Ces lampes s'activent très lentement quelques minutes avan
l'heure programmée du réveil. L'enfant capte doucement la luminosité et s'éveille sans le choc du « dring » du réveil. Faites de même pour vous, bien sûr. Sinon, évitez de vous réveiller avec une radio branchée sur les informations du matin.

Se préparer à un début de matinée équilibré : les 3 B

Un enfant doit bien se séparer de sa nuit afin de lancer son tonus pour la journée. Montrez-lui d'abord ce petit jeu, il le reproduira les autres jours tout seul (au besoin, rappelez-lui les matins difficiles !). Cet exercice s'appelle la règle des 3 B : bonjour, bonne journée à tous et bisou.

- **Bonjour** : l'enfant inspire par le nez en ouvrant les bras et en les écartant, puis souffle par la bouche en les ramenant le long du corps.
- **Bonne journée à tous** : l'enfant inspire par le nez en levant les bras au-dessus de la tête – en passant si possible sur la pointe des

pieds pour allonger son dos – et souffle par la bouche en ramenant les bras le long du corps.

- **Bisou** : l'enfant pose un bisou sur ses dix doigts posés sur sa bouche, inspire par le nez et tend ses bras devant lui en soufflant et en agitant ses mains pour détendre les poignets. Il dirige les bisous vers ses parents.

Ainsi, un état d'esprit positif se met déjà en place.

Le nettoyage matinal

Le jeu du frotti-frotta

Comme le contact de l'eau est loin d'être apprécié de tous au réveil, proposez une petite comptine qui évoluera avec le temps. Ce sera le signe qu'il faut se lancer et que propreté rime avec respect et dignité. À chanter :

« Frotte frotte, frotte, les petites quenottes.
Pour être bien sage, un joli visage
Mérite que le gant le nettoie très souvent !
Frotti, frotta, à l'envers ou à l'endroit
Tout doit être propre. Frotte, frotti, frotta ! »

Cette note joyeuse est parfaite pour prolonger la bonne humeur matinale.

Des gestes de bien-être sous la douche

Si la douche est prise le matin, voici de simples indications bien-être qui aideront votre enfant à se sentir bien dans sa peau.

- L'enfant laisse couler doucement l'eau tiède sur le sommet de son crâne et se masse en allers-retours du centre du visage jusqu'au cuir chevelu, comme s'il se peignait doucement. Il va ainsi harmoniser tous les petits nerfs situés sur tout le crâne.
- Il peut utiliser le jet de la pomme de douche pour effectuer des petits cercles, qui permettent de masser le centre de la poitrine (plexus cardiaque et thymus), puis juste en dessous pour faire de même sur le plexus solaire. Quelques secondes suffisent. Cela l'aide à s'apaiser au niveau du cœur et des émotions.
- Enfin, il peut diriger le jet du haut du ventre vers le bas afin de masser les intestins, ce qui permet de réguler le transit.

Des règles non négociables pour le matin

- Bien petit-déjeuner.
- Ne pas utiliser de console ou de télévision (ou alors des programmes ciblés, sur un thème calme)
- Prendre le temps (fixé à l'avance, sans dépasser 10 minutes) de faire un débarbouillage de base minimum et une douche si possible.

Les enfants papillons

Beaucoup d'enseignants se plaignent de voir que, dès leur entrée le matin, les élèves sont incapables de s'intéresser, de participer calmement ou de porter leur attention plus de quelques minutes sur un sujet. Il est vrai qu'entre le fait d'être assis au chaud avec son bol de céréales en train de regarder un feuilleton haut en couleur et celui de se retrouver ensuite directement dans un endroit légèrement plus maussade et moins attractif, il y a un monde ! Alors, si vous voulez que votre enfant apprenne et s'intéresse à l'école, cessez de céder au miroir aux alouettes de la télévision le matin.

Les enseignants peuvent pratiquement vous dire, selon l'attitude de l'enfant, combien de temps il a déjà passé devant la télévision ou une console de jeux. Ils appellent ces enfants les « enfants papillons » : ils battent des cils pour mieux s'envoler hors de la classe et du présent à vivre.

Adopter une attitude amicale pour vivre en harmonie

Dire « bonjour » et prendre des nouvelles de chacun sont des actes amicaux que parents et enfants doivent échanger. La politesse et le sens civique s'apprennent très tôt le matin, mais aussi dans la journée.

Aux parents de surveiller leur langage

Parlez toujours en phrases positives, même si vous devez sévir. Ce n'est pas au réveil que l'on règle les problèmes non résolus. En effet, le cerveau de votre enfant se construit en écoutant le sens des mots que vous prononcez, surtout quand vous vous adressez à lui.

N'hésitez pas à vous observer parfois en étudiant les types de mots que vous utilisez. Vous échapperez au stress personnel en évitant un affrontement, qui deviendra rapidement récurrent si vous avez inconsciemment mis en place depuis longtemps une mécanique d'agressivité ou d'humiliation (même non voulue !).

Une astuce constructive

Laissez en place dans la cuisine, ou dans un endroit bien visible, une ardoise ou un mur à Post-it®, qui sera un véritable carnet de correspondance. Parfois, mieux vaut écrire que hurler ou mieux vaut s'exprimer que garder tout pour soi, mais en restant dans un cadre. L'enfant, ainsi que les parents, peut donc écrire son ras-le-bol, ou ce qu'il ne comprend pas, sur cet espace qui lui est dédié. C'est une manière de dévier et de transmuter, mais cela reste en mémoire de façon visible, dans un espace-temps consacré à cela. Il faudra ensuite en reparler, éclaircir et résoudre. Plus tard, on vous expliquera comment mettre en place un véritable coaching pour accompagner les « moments délicats ».

Le petit déjeuner

C'est le carburant pour toute la matinée. Un en-cas à 10 heures peut aussi venir le compléter.

La confection du petit déjeuner est primordiale. Mieux vaut un enfant qui mange en deux fois de type petit déjeuner, avec un complément à dix heures, que pas du tout ou trop, de peur de manquer ensuite. Des enfants prennent l'habitude d'arriver à l'école sans rien dans le ventre. Cela signifie que leur corps va aller puiser dans ses forces. Le dernier repas ayant apporté ses valeurs nutritives la veille au soir, ce sont les réserves qui vont servir de relais. Si celles-ci sont construites sur une alimentation trop déséquilibrée en certains minéraux ou vitamines, le corps se relance avec un minimum de vitalité pour toute la matinée. Ainsi, si les premières heures de l'école demandent du tonus ou de la réflexion, beaucoup ne vont pas suivre, ou ils vont tomber dans l'hypernervosité et être soit intenables, soit hypersensibles émotionnellement.

Un repas léger la veille au soir

Ce qui garantit d'abord que votre enfant développe le matin une faim adaptée à son âge et à ses besoins, c'est le fait que, la veille, le repas du soir est équilibré et non « chargé » en plats démesurés qui ne lui apporteront rien, car, pour dormir et récupérer, il faut manger léger.

Pourquoi alors charger ce repas en protéines animales, pizzas ou coquillettes ? Votre enfant va en stocker une bonne partie, car il ne va pas bouger et ne brûlera donc pas les sucres lents ou les graisses. Sachez aussi que les mauvaises digestions amènent des troubles du sommeil et souvent des cauchemars. Si votre enfant se réveille régulièrement fatigué et s'il a du mal à s'endormir, l'alimentation peut réguler tout cela. Ne parlons pas des enfants qui boivent des sodas le soir et qui ont des cerveaux sous perfusion de faux sucres : ils ne parviennent pas à décrocher et à trouver le sommeil.

L'alimentation peut être un bon levier pour agir sur les capacités de relaxation et de concentration de votre enfant.

Quelques idées d'équilibre alimentaire

C'est vous le chef, pas l'enfant ! C'est vous qui faites les courses et qui choisissez ce qui est nécessaire. Ne mélangez pas des sentiments confus et parfois « pratiques », qui vous arrangeraient, et la réalité alimentaire.

- Choisir l'alimentation ne veut pas dire faire plaisir, gagner des moments de paix ou vouloir que votre enfant manifeste toujours sa joie, sous prétexte que vous feriez tout pour qu'il soit heureux.

- Aujourd'hui, en prenant d'abord le temps de sélectionner vos magasins sans votre enfant, vous avez des produits bio de plus en plus abordables. Pensez que même si, aujourd'hui, le bio est encore plus cher qu'ailleurs, la qualité des aliments fait que la satiété est plus vite atteinte et que les véritables besoins de l'enfant sont mieux couverts.
- Le but de certains aliments (les boîtes de céréales de petit déjeuner, entre autres) est de faire en sorte que la sensation de satiété n'arrive pas au cerveau (pourquoi vendre peu quand on peut vendre plus ? Les grands groupes agroalimentaires vous répondront que c'est une règle commerciale !).
- Le raffinement des céréales, comme celui du pain blanc, fait que les carences sont très rapides et que l'abus de sucres rapides, comme ceux des boissons faussement vitaminées ou du chocolat du matin, engendre des excès de nervosité. Comment un corps peut-il se reposer, se vitaliser et se régénérer,

s'il n'a pas sa dose de calcium et de magnésium ? Et on n'aborde pas encore les problèmes d'obésité !

Petit tableau des apports caloriques journaliers recommandés

	kcal par jour	kcal par kilo de poids corporel
De 4 à 6 ans	1 800	80
De 7 à 9 ans	2 000	72
Fille de 10 à 14 ans	2 200	64
Garçon de 10 à 14 ans	2 500	55
Fille de 15 à 18 ans	2 200	46
Garçon de 15 à 18 ans	3 000	43

Bien sûr, pour des journées sportives ou des séjours de vacances animés, les besoins peuvent être plus grands, mais temporairement. S'il est un minimum tonique, un enfant a l'avantage de pouvoir rectifier l'équilibre de son corps assez facilement.

Apprendre à respecter son corps

Agissez avec l'idée de respect du corps, que l'on acquiert comme tout apprentissage de vie, plutôt que de le culpabiliser et de le stresser en lui disant qu'il mange mal ou trop. Et surtout, soyez, vous aussi, l'exemple de ce qu'il faut entreprendre, même si tout n'est pas parfait. L'enfant comprend l'effort et la difficulté chez les autres, mais pas le mensonge. Mieux vaut dire que vous essayez, et essuyer quelques rires, que de ne pas dire la vérité et passer pour quelqu'un de peu fiable. Un adulte qui ment construit un adolescent qui aura toutes les cartes en main pour ne pas du tout l'écouter.

Le calcul de l'IMC

Quand vous consultez un médecin, n'hésitez pas à faire calculer l'IMC (indice de masse corporelle) pour chaque membre de la famille. C'est une règle préventive, utile pour rectifier le terrain alimentaire.

Cet acte très simple est aussi une prise de conscience très bénéfique pour vous donner l'envie de réagir et faire réagir.

Si vous avez la possibilité de voir une fois une diététicienne pour fixer le type de choix alimentaire pour chaque enfant, vous pourrez ensuite procéder à des applications concrètes, dont vous ne dévierez plus ensuite. Ce sera plus simple quand vous aurez à dire « non ».

L'éducation alimentaire

Être pleinement responsable de l'éducation alimentaire de vos enfants prédispose à moins de stress. S'ils n'ont pas été « cadrés » dès leur plus jeune âge, les enfants vont vous « piloter », sans même que vous vous en rendiez compte. L'information non intégrée avant 7 ans est ensuite vécue comme une punition, quand il devient nécessaire pour sa croissance de l'imposer. Pour prévenir tout stress, il faut donc que l'information soit mise en pratique dès le plus jeune âge.

La base du petit déjeuner

Servez-vous du tableau ci-dessous pour choisir ou rectifier les aliments nécessaires au petit déjeuner. Écrivez par catégorie quel type de produit consomme votre enfant. Souvent, une bonne partie est mélangée, comme le lait et les céréales. Prenez alors juste le temps de calculer le nombre de calories, pour avoir déjà une idée du volume. Ne soyez pas non plus drastique : certains enfants mangent plus ou au moins au petit déjeuner. Ils sont ainsi faits... En revanche, rectifiez si possible aux autres repas. Le dix-heures est indispensable pour certains ; pour d'autres, il peut être une mauvaise habitude alimentaire, surtout si vous préférez des produits industriels (vides de minéraux et vitamines, car trop raffinés) que le corps « ne gardera » pas. Ils ne feront qu'engraisser en stockant. Pour le petit déjeuner, il faut prévoir :

- une boisson : ....
- un produit céréalier : ....
- un produit laitier : ....
- un fruit ou un légume : ....

Petits exercices en phase de digestion

❶ **Pour la digestion** : pensez à la grimace du singe. Certains singes tirent la langue et massent leur ventre quand ce qu'ils ont mangé est bon. La paume d'une main posée sur l'autre, demandez à votre enfant de tourner doucement dans le sens des aiguilles d'une montre. Si l'enfant a mal au ventre ou se sent constipé, il doit appuyer un peu plus et terminer chaque cercle en poussant les mains vers le bas-ventre, comme pour évacuer une lourde charge.

❷ **Contre la petite anxiété** : une paume ouverte, le pouce de l'autre main doit aller appuyer doucement au centre de la paume, puis relâcher plusieurs fois. Avec les pointes de l'index et du majeur, l'enfant frotte ensuite rapidement tout le centre de la paume. Il doit sentir que la paume

qui reçoit commence à chauffer. Il fait ensuite de même pour l'autre main. Il va ainsi complètement se détendre.

❸ **Pour une meilleure concentration avant l'école :** demandez à votre enfant de poser les pointes de l'index et du majeur sur chaque tempe et de les faire tourner en cercle doucement pendant quelques instants. Puis, comme quand il cherche une idée, faites-le se gratter le sommet du crâne, puis appuyer dessus et relâcher plusieurs fois.

Ces trois petits massages peuvent être utilisés tout au long de la journée. L'autonomie du bien-être s'apprend très tôt chez l'enfant. Plus il la pratique (même comme un jeu), plus il est apte à agir seul sur ses humeurs, dès qu'elles surviennent et le dépassent.

Sur le chemin de l'école

Pour certains, le chemin de l'école, c'est aller à un endroit que l'on n'apprécie pas. Pour d'autres, c'est le moment de se défouler. Voici une activité très simple, qui prépare l'enfant à être attentif et concentré, et surtout à ne pas appréhender l'arrivée en collectivité. Il vous faut un peu participer et relancer par des questions. Ensuite, ce sera automatique.

Rester toujours positif

Certains enfants peuvent aussi être tristounets et sans entrain. Ils traînent des pieds, tout est gris pour eux, sujet à ronchonner… Utilisez alors tout ce qui l'entoure sur le trajet pour que, peu à peu, il discerne des faits positifs et encourageants lors de ce début de matinée. « Amuse-toi à distinguer tous les faits ou actions positifs qui se déroulent sur le chemin. Dis-les à haute voix. Tiens, par exemple, regarde ce passant qui se laisse entraîner par son chien, il est amusant ! Et là, as-tu vu toutes les gourmandises que la boulangère propose dans la vitrine ? Lesquelles reconnais-tu ? Ce sont bien des croissants ?... »

Favoriser la créativité de son enfant

Aidez votre enfant à construire des phrases de tournure positive. Présentez cela comme un jeu : « Jouons aux petites phrases du bonheur. Par exemple, si je te dis : "Construis une phrase positive avec les mots : voiture et école." Quel genre de phrase pourrais-tu réaliser ? Moi, je dirais : "Avec la voiture, je ne sens ni la pluie ni le froid quand je vais à l'école, c'est génial !" Tu vois, c'est simple ! On continue, si je te dis : "Construis une phrase positive avec les mots : ballon, rue et gens." Quelle phrase positive pourrais-tu construire ? »

Il est intéressant de fixer l'attention de votre enfant au plus tôt sur des concepts positifs, des tournures d'esprit qui l'incitent à construire. Quoi qu'il se passe ou qu'il fasse, c'est important qu'il pousse sa réflexion, en essayant d'utiliser les objets ou les événements qui l'entourent, ce qu'il voit et comprend. Le fait de ne pas fuir le présent et de ne pas dévier de sa responsabilité dans l'ici et le maintenant l'oblige à trouver et intégrer progressivement ses points d'ancrage, qui sont ses repères de bien-être. Beaucoup trop de jeunes s'évadent dans leur tête ou sont super-excités lors du trajet à l'école, car ils sont incapables d'être simplement là et de participer.

Petite séance de détente musicale

Le chemin de l'école, en voiture ou à pied, peut être l'occasion de simplement passer un bon moment musical. Avec ou sans casque, ces quelques minutes de relaxation sont hyper efficaces pour que le corps et l'esprit soient en harmonie. Pour cela, vous pouvez utiliser un montage, utilisé en musicothérapie, de trois courts morceaux, que vous mettrez à la suite sur un CD ou un lecteur MP3. Choisissez bien sûr avec votre enfant. Le principe est simple :

- **Titre 1** : il reflète un peu l'état du départ de la maison, avec toujours un peu de rythme. Il est joyeux et chantant.
- **Titre 2** : il représente la partie détente. Ce doit être une belle mélodie, une musique qui calme, apaise naturellement et est ressentie comme douce par l'enfant.
- **Titre 3** : c'est une musique qui doit le ramener lentement à la réalité. Elle doit être joyeuse, mais surtout pas excitante.

Ce qui peut donner un plus, c'est le fait d'utiliser le titre 2 pour découvrir des musiques classiques douces. Ni du Wagner, ni des compositions tristes : plutôt Bach, Brahms, Vivaldi...

Petite séance de préparation à l'école

Jouer avec son souffle

On peut facilement effectuer un petit jeu avec le souffle. Demandez à votre enfant de jouer au chaud ou au froid.

- Montrez-lui qu'en mettant la paume d'une main proche de la bouche, s'il souffle lentement dessus, il sentira de l'air chaud. S'il éloigne la main, l'air ressenti sur la main devient froid. On peut ensuite organiser un concours de chauds et de froids dans le cou de chacun, mais toujours en produisant des souffles longs et lents. C'est une manière d'apaiser votre enfant et de l'aider à se concentrer.
- Si vous êtes en voiture, demandez à votre enfant de faire de la buée sur une vitre, puis de dessiner un grand « O », un grand « A », etc.

Petit cours anti-stress avant l'école

Si, un matin, tout dérape, rien ne va et s'enchaîne comme souhaité, il est évident qu'une petite pointe de stress se fait sentir. Si, en plus, des embouteillages se forment ou si vous êtes à pied sous la pluie, utilisez en fait la force de ce moment (colère, désespoir, air décontenancé…) pour la convertir en énergie bénéfique.

En fait, votre régulateur toujours disponible – avec lequel vous pouvez concrètement agir – pour vous et votre enfant, c'est le souffle. Ne désespérez donc pas : quoi qu'il se passe, vous respirez toujours par le nez et la bouche. Voici deux types de respirations ciblées anti-stress immédiat.

❶ **Le souffle du singe gris** : demandez à votre enfant de tapoter sa poitrine tout en inspirant comme le font les grands singes gris, puis, juste avant de souffler, de fermer ses poings. Quand il souffle (« Pffffooouuu »), il doit souffler volontairement très lentement en tendant ses bras devant lui, comme s'il poussait un mur. Faites-lui faire cette respiration trois fois. Ce cycle respiratoire permet de faire immédiatement tomber la pression, mentale ou émotionnelle. Apprenez bien à votre enfant à garder cette respiration en mémoire, elle peut aussi lui être utile toute la journée.

❷ **Le petit train de la respiration** : dès que vous sentez la nervosité poindre, demandez à votre enfant de jouer au petit train. Pour cela, il respire profondément par le nez et, plutôt que de souffler en une fois, faites-lui faire une expiration en plusieurs fois, de manière saccadée. Cela commence avec de petites saccades d'expiration, qui vont de plus en plus vite (comme le train à vapeur qui démarre !). À faire trois fois au maximum. Ensuite, demandez-lui d'inspirer longuement et de souffler lentement… La nervosité sera retombée.

II - Le matin à l'école

L'école, c'est l'apprentissage aussi bien du savoir que de la vie en communauté. Le stress est d'abord généralement plus suscité par la vie en communauté que par la compréhension des cours eux-mêmes, car, dans les premières années, ces derniers laissent encore de la place à la créativité et au défoulement. L'enfant comprend qu'il va se retrouver face à un enseignant qui le dirigera toute la journée, auquel il va devoir obéir, et sera confronté à des nouvelles tensions, nées des rapports avec des camarades inconnus. Puis se poseront les questions de confiance en soi et d'estime de soi.

Il est simple de comprendre que plus un enfant est jeune, quand il commence à apprendre les gestes anti-stress, la concentration et l'attention, plus vite il dispose des bons outils pour agir de lui-même quand ses « humeurs » commencent à le dépasser. Il peut enraciner ces auto-réflexes très rapidement, tout en s'amusant. **J'invite d'ailleurs aussi les enseignants à « s'emparer » des exercices**

ci-dessous afin de les pratiquer régulièrement quelques minutes chaque jour avec les élèves.

C'est en apprenant très tôt le bien-être à votre enfant que vous lui permettez aussi de devenir un jour un adolescent posé et disposé à prendre ses responsabilités... Pour cela, l'école est un excellent lieu d'apprentissage et de test direct.

Toutes ces petites séances se découvrent entre parents et enfants d'abord, notamment pendant le week-end. L'enfant va utiliser ensuite à l'école ce qui lui paraîtra « pertinent » sur le moment même. La matinée à l'école demande à l'enfant de savoir se gérer entre tonus, qui devient rapidement hors cadre, et apathie, due à un mauvais sommeil ou parfois à déjà 40 minutes de télévision absorbées.

La posture à adopter

La posture est mine de rien le grand problème actuel. L'enfant est encore un « caoutchouc » jusqu'à 7 ans, et récupérer nerveusement peut être assez simple. Tant qu'il n'a pas vraiment mal, il peut donc à la limite continuer à jouer avec son corps sans se préoccuper de ses besoins réels. En réalité, nombre de problèmes de dos futurs, de fatigues soudaines et d'explosions caractérielles proviennent d'une posture, où l'enfant a trop longtemps abusé de ses tensions musculaires et de la souplesse de ses articulations. Il faut donc lui réapprendre à bien se tenir.

La danse de l'arbre

Cet exercice est très complet et a l'avantage de pouvoir se travailler en continu très facilement – par exemple, en écoutant une musique rythmée et douce. Il ne demande que quelques minutes, peut se faire debout en groupe, juste à côté de sa place, ou à la maison, face à un miroir. L'avantage du miroir, c'est que l'enfant peut rectifier et faire des concours de danse avec des copains et des copines.

D'abord, il faut assouplir ses articulations et bien les « mettre en place ». Celles-ci peuvent créer 25 % du stress d'une personne, si elles restent comprimées trop longtemps ou sont « mal alignées ».

À l'attention des parents et enseignants

N'hésitez pas à faire les exercices avec votre enfant, en exagérant la lenteur de chaque mouvement. Il faut que l'enfant rentre vraiment en contact avec son corps, qu'il sente bien que chaque geste est un geste responsable et contrôlé, qu'il a le pouvoir sur son corps et que, quand il le perd, c'est que quelque chose ne va pas et qu'il doit en reprendre la maîtrise. Cela paraît anodin, mais beaucoup de jeunes ne sont plus du tout conscients directement de tout ce qu'ils font dans la journée avec leur corps. Il faut redonner de l'importance au corps, à la motricité à l'école, et ce, bien au-delà des 10 ans, ne serait-ce que dans les cours de gym. C'est pour donner la possibilité à l'enfant de retrouver son centre, ses sensations, que nous aborderons ensuite la méditation (voir p. 49).

Exercices du bas du corps

❶ L'enfant est debout, il lève un pied. Il le fait tourner dans le sens des aiguilles d'une montre, puis lentement dans l'autre sens. Pour cela, il faut bien lui expliquer que sa cheville doit rester souple. Quand l'enfant repose le pied, insistez sur le fait qu'il doit bien étaler sa voûte plantaire. Apprenez-lui à développer ses sensations en insistant sur la lenteur, en partant du talon et en aplatissant tout le pied progressivement. Demandez-lui dernière impulsion en se penchant légèrement sur la partie avant du pied qui vient de travailler. Passez à l'autre pied.

❷ Très simplement et sans appuyer fortement, demandez à votre enfant de lever un talon et, en exerçant une petite pression vers l'avant, de faire se plier doucement les cinq doigts du pied. Il peut passer à l'autre pied.

❸ L'enfant doit relever le pied et plier le genou. Cette fois, tout le bas de la jambe tourne dans un sens, puis dans l'autre. Faites attention à ce que le genou ne bouge pas. Pour cela, l'enfant peut s'aider en passant ses deux paumes de mains sous un genou. Le but est de bien faire travailler toute l'articulation du genou, doucement dans un sens, puis dans l'autre. Il peut passer ensuite à l'autre genou.

❹ Les mains sur la taille, en partant du pied posé par terre, l'enfant plie de nouveau le genou et l'amène sur le côté du corps. Puis, il lui fait faire un cercle dans un sens, puis dans l'autre sens. Il doit sentir que toute la hanche travaille lentement, avec douceur. Il peut ensuite reposer le pied, puis lever l'autre genou et exécuter les mêmes cercles.

❺ Toujours les mains posées sur les hanches, l'enfant bascule son bassin vers l'avant, les jambes un peu écartées. Puis il le bascule vers l'arrière pour tirer son fessier vers l'arrière, sans trop cambrer le dos. Il revient ensuite positionner son bassin normalement. Puis il le déplace sur le côté droit, revient au centre, le repositionne vers la gauche et revient au centre. Il fait ce cycle complet trois fois. Puis, très lentement, afin de bien sentir tout le travail de détente du bassin, il fait faire à son bassin un cercle dans le sens des aiguilles d'une montre,

puis dans l'autre sens. Il faut faire trois fois le cycle complet dans un sens et dans l'autre.

Exercices du haut du corps

❶ L'enfant doit poser son poignet droit dans la paume gauche, qui enserre le poignet. Puis il déplie l'avant-bras droit et fait tourner sa main droite doucement au maximum vers la droite, puis vers la gauche. La main gauche, qui tient la droite, permet de maintenir le bras et la main tendus et à l'enfant de bien ressentir son poignet, qui travaille doucement et se détend. Puis il dessine des huit horizontaux dans un sens, puis dans l'autre. Et c'est au tour de l'autre main.

❷ Le coude droit (et l'avant-bras levé) est posé dans la paume de main gauche. L'enfant doit faire pivoter tout l'avant-bras afin de dessiner des petits cercles avec l'avant-bras dans un sens, puis dans l'autre. Puis il élargit progressivement les cercles. On change ensuite de coude.

Les risques de tendinite

Le but de l'exercice de l'avant-bras, c'est de vraiment faire ressentir tout le travail des articulations, qui sont précieuses et fragiles. Profitez-en pour dire à votre enfant que les compressions demandées aux mains et aux articulations, quand il joue avec des manettes de jeux ou un smartphone, peuvent se déformer et provoquer des tendinites, très difficiles à résorber ensuite.

❸ Le dos droit mais non tendu, l'enfant doit monter son épaule gauche, la faire pivoter vers l'arrière (il doit sentir le travail de l'omoplate), la redescendre, puis la remonter, et ainsi de suite plusieurs fois. Ensuite, c'est au tour de l'autre épaule, puis aux deux épaules ensemble.

❹ Doucement, l'enfant doit avancer son menton vers l'avant, en gardant les épaules bien droites. Il ne doit pas se pencher vers l'avant : le menton entraîne la tête, qui reste droite elle aussi. Puis il fait partir sa tête vers l'arrière, laquelle reste toujours droite :

il doit sentir sa gorge qui s'étire, ainsi que le haut du buste. Ensuite, il penche doucement la tête vers son épaule droite, revient au centre, puis penche sa tête vers l'épaule gauche. Il laisse tomber son menton sur sa gorge et redresse la tête. Il penche ensuite sa tête vers l'arrière et la redresse.

Il faut faire trois fois le cycle complet. S'il est bien détendu, l'enfant peut ensuite faire tourner sa tête en faisant des cercles très doux, lentement, sans forcer, dans un sens, puis dans l'autre.

Faire régulièrement cette petite gymnastique matinale va considérablement diminuer la nervosité des enfants. Qui dit moins nerveux signifie plus attentif et concentré, donc disponible pour bien mémoriser. Il est évident que ce petit moment de bien-être peut aussi se faire à la maison tranquillement, et pas simplement le matin, mais aussi l'après-midi.

Quand la nervosité s'empare de l'enfant en classe

Il est important de faire comprendre à l'enfant qu'il lui est toujours possible de s'apaiser tout seul. Beaucoup d'enfants ne savent que trop bien faire culpabiliser les adultes en piquant des crises de nerfs et les pousser à bout pour essayer de les mettre en état d'impuissance. Même un enfant de 3 ans peut posséder un esprit très fort et se montrer outrancier, voire violent, s'il sent que personne n'arrive pas à le cadrer. Il est donc responsable de sa mauvaise humeur, de ses bêtises ou de ses gestes de violence. Trois activités marchent très bien dans ces moments-là.

Pour retrouver son calme

Via les points réflexes (par l'auto-massage) et la respiration, ces premières activités agissent sur l'influx nerveux (l'influx électrique qui relie le cerveau et les capteurs du corps) et calment rapidement la tempête qui se construit sous le crâne de l'enfant.

Le petit balai magique

Avec son pouce droit, l'enfant doit masser, en appuyant et en relâchant, la ligne au centre de sa poitrine, qui part du plexus solaire et va jusqu'au départ de la gorge. Ensuite, il parcourt de nouveau la même ligne et frotte à toute vitesse, avec les extrémités de l'index et du majeur, en montant et descendant. Cette ligne agit sur l'ensemble du cœur, l'enfant va se sentir tranquille et comme dans un cocon. Puis, comme s'il enlevait des miettes sur son pull, il frotte avec ses deux paumes sur tout le torse, en balayant pendant 2 minutes. Il termine en massant doucement chaque doigt de chaque main, puis en les faisant tourner lentement et en tirant dessus délicatement.

La rencontre des bisous

L'enfant doit poser ses coudes sur la table. Il ouvre ses deux mains comme des pinces, les doigts écartés, ferme les yeux et respire doucement, d'une manière très contrôlée. L'enseignant peut le briefer, ou il peut le faire seul et tranquillement à son rythme. Le dos est droit, mais non tendu. Il inspire par le nez tout en faisant attention à ce que son ventre sorte bien avec l'inspiration. Il souffle en rentrant le ventre, en expirant par la bouche ou le nez, pendant au moins 1 minute, pour bien ressentir ce simple cycle respiratoire. Il travaille ainsi directement sur l'assouplissement de sa ceinture abdominale et masse ses intestins, qui sont le siège des émotions refoulées. Puis, toujours les yeux fermés, il fait se rencontrer les extrémités de ses doigts. Il les laisse ainsi en appui les uns contre les autres. Puis, sur l'inspiration, il exerce une pression pour que les extrémités se massent et se fassent des bisous, et, sur l'expiration, il souffle tout en arrêtant la pression, le tout pendant 1 minute. Il recommence pendant 1 minute, cette fois les yeux ouverts, et, sur le même rythme respiratoire, apporte une variante : ses doigts ne se touchent pas et, sur l'inspiration, ils se rencontrent et se font des bisous ; sur l'expiration, ils se séparent de nouveau.

Pour apprendre à se concentrer

Donner des couleurs aux petits ballons

Proposez à l'enfant une feuille de dessin. Faites-lui dessiner des petits ballons ronds. Avec des crayons de couleur, il va devoir remplir chaque petit ballon avec une seule couleur à chaque fois. Une fois cette première phase terminée, demandez-lui d'utiliser la pointe d'un crayon et de remplir de petits points chaque ballon d'une autre couleur. Puis faites-lui relier les ballons par autant de traits de couleur que nécessaire pour qu'ils soient tous attachés les uns aux autres. L'enfant va être obligé d'être totalement concentré sur son dessin et de ne plus penser qu'à cela. Pour varier, choisissez d'autres formes, par exemple celles qu'il doit bien retenir, comme les carrés, les triangles, les grandes lettres de l'alphabet qu'il faut remplir, les chiffres…

La méditation enfantine

Il faudrait pouvoir demander aux enfants de faire pratiquement tous les jours quelques minutes de méditation, tant celle-ci procure équilibre et harmonie.

Le principe est simple : pendant quelques minutes, l'enfant se met à l'écoute des signaux envoyés par son propre corps. Le dos droit, il doit être assis au bord de la chaise, les mains posées sur les genoux. Pendant 1 minute, il s'amuse à poser son attention uniquement sur l'air qui entre et sort par son nez, en silence. S'il se laisse distraire, faites-le revenir à son souffle et observer de nouveau les sensations de chaud et de froid. Si des pensées surgissent, il doit les laisser partir. Il peut avoir envie de bouger une main, un pied... Quoi qu'il fasse, à chaque fois, il doit à nouveau se concentrer sur son souffle et faire attention à sa respiration. En faisant déjà cela très régulièrement, il saura rapidement se recentrer sur lui-même, sans se laisser envahir par de multiples pensées « parasites » qui le distrairaient complètement.

Vous pouvez aussi demander à votre enfant de reproduire un dessin qu'il a devant lui ou une simple photo. La photo doit être assez grande pour être vue par tous. Laissez-lui un temps limité, par exemple 3 minutes, tout en le poussant à bien prendre en compte les détails, ainsi que les couleurs. Cette activité s'effectue aussi dans le silence.

Faites-le ensuite fermer les yeux 1 minute, tout en essayant de garder « présent » dans sa tête l'image regardée auparavant. Enfin, il peut dessiner sur sa feuille toute la photo avec le maximum de ressemblance possible. C'est une activité idéale pour amener le calme et la concentration.

Enfin, demandez à l'enfant de fermer les yeux, faites-le s'imaginer face à une montagne. Laissez-le se balader dedans, n'imposez que la visualisation de la montagne, pendant 5 minutes. Le jour suivant, demandez-lui, en fermant les yeux, de visualiser la montagne et un grand soleil jaune derrière. Laissez-le ensuite imaginer son aventure dans la montagne. Le surlendemain, il peut visualiser la montagne, le soleil et un lac tranquille, situé au pied de la montagne. Puis faites-le ajouter un grand sapin au sommet, etc. Ce simple exercice de visualisation oblige à se concentrer, se calmer et à prendre une respiration lente et douce. Il développe aussi la capacité à se représenter une image mentale et à la construire.

Une activité anti-stress

Votre enfant peut aussi utiliser n'importe quel objet pour réguler son tonus, à la fois quand il en a trop ou quand il en manque. C'est une phase d'assouplissement.

- L'enfant doit prendre un crayon dans sa main droite (ou une gomme). Il serre l'objet en inspirant et le desserre en soufflant, pendant 3 minutes, en faisant bien attention à son cycle respiratoire. Puis il serre l'objet avec l'autre main et, de nouveau, tend et détend le poing, ainsi que tout l'avant-bras.
- S'il manque de tonus, il peut ensuite serrer les deux poings ensemble (donc un objet dans chaque poing), tout en inspirant et en tendant en même temps les muscles des deux cuisses. Faire sept fois cet exercice suffit pour équilibrer le système nerveux.

L'exercice du petit essuie-glace

Les grimaces inconscientes que font les enfants (de satisfaction, de crainte, de fatigue...) et le besoin de jouer à « faire l'homme » en adoptant une bouille avec des traits tendus et un regard qui impressionne (et crispe le visage !), font que le visage accumule tensions et nervosités dans tous ses muscles, certains exprimant des réflexes de grimaces incessants. Si, en plus, l'enfant est un accro des jeux vidéo, il est indispensable de « défroisser » régulièrement son visage. À l'école, c'est souvent en fin de matinée que l'enfant porte le « masque » de son stress et de sa fatigue sur son visage. Voici un exercice pour défroisser le visage.

Demandez à l'enfant de frotter ses paumes de main l'une contre l'autre, puis de les poser bien chaudes à plat sur son visage, de chaque côté du nez. À la manière d'un essuie-glace, il doit écarter ses paumes en frottant sa peau en direction des oreilles et revenir. Il doit le faire plusieurs fois de suite, sans hésiter à exagérer. Quand les paumes reviennent vers le nez, les joues ressortent ; quand les paumes repartent en sens inverse, elles tendent de nouveau la peau.

De nouveau, faites-lui frotter ses paumes l'une contre l'autre, puis faire l'essuie-glace en partant du centre du front vers les tempes, et inversement. Enfin, comme on ferait une caresse à un sympathique toutou, l'enfant lisse toute sa gorge en étirant sa peau successivement avec les deux paumes, en partant de sous le menton vers la poitrine, pendant 1 minute. Le visage est détendu, l'enfant est en situation d'harmonie et d'équilibre nerveux.

III - L'après-midi à l'école

L'après-midi, l'école est souvent difficile à gérer, car certains enfants ont du mal à supporter l'après-repas et à se retrouver de nouveau enfermés. C'est généralement l'heure des crises et fainéantises et c'est pour cela que des activités de groupes sont souhaitables, déjà pour la cohésion du groupe, mais aussi parce que ceux qui gardent la forme peuvent la transmettre aux autres. Plusieurs pistes vont vous être proposées, que vous soyez enseignant ou parent. Les parents leur trouveront très bien une place dans les activités bien-être du week-end, par exemple, et l'enfant pourra ainsi y puiser des « techniques » à pratiquer en classe dans la semaine.

Si votre enfant est en petite section, éprouve le besoin de faire une sieste ou si celle-ci lui est imposée, vous trouverez dans le chapitre Le coucher (p. 96) tout le déroulé d'une méthode d'endormissement très efficace, appelée « Le compte à rebours » (p. 121). Cette méthode fonctionne très bien aussi pour de courtes siestes.

Activités pour vivre un après-midi équilibré

Un enfant qui baille souvent après le repas est en pleine digestion, ce qui est un signe de bonne santé. Cependant, afin qu'il ne s'installe pas dans une attitude de total abandon, utilisez ce moment pour lui permettre de se sentir disponible dans sa tête et dans son corps.

Des animaux trop rigolos

Chaque enfant, ou l'enseignant, inscrit sur un papier le nom d'un animal à imiter. Les papiers sont mis dans une boîte et les enfants forment un cercle. Un enfant tire un papier et imite l'animal choisi sans citer son nom. Pour rendre l'activité efficace au niveau de la détente et de la concentration, il faut lui demander une imitation toute en ralenti et en mouvements décomposés, en seulement 2 minutes. Il est aussi intéressant de demander aux enfants d'imiter un couple d'animaux qui s'expriment. Cela crée un vif intérêt, de la rigolade et tient les enfants très éveillés.

La pratique du yoga

Le mouvement doit toujours être conducteur de concentration. Un enfant bien dans son corps apprend mieux, retient mieux et est plus disponible à ce qui l'entoure au moment présent. Le yoga est parfait pour la motricité et l'étirement des muscles et articulations. Il faut le faire pratiquer progressivement, en privilégiant toujours un petit échauffement. Vous terminerez aussi obligatoirement par une relaxation, afin de bien ancrer tous les bénéfices des postures effectuées auparavant dans la récupération et le repos.

Prenez le temps de faire les exercices avec eux, en respectant leur degré de souplesse et d'endurance (et le vôtre !), et ne faites pas tout la première fois.

L'échauffement

Amusez-vous avec cet enchaînement déjà très complet, qui fera travailler l'ensemble du corps. N'hésitez pas à le simplifier, si vous le désirez, ou à l'écourter. Chaque enfant dispose de plusieurs mètres face à lui. Chacun fait l'enchaînement au ralenti, donc en étant bien conscient des efforts demandés et fournis par le corps et l'esprit qui le dirige.

Pour cet échauffement, l'enfant doit mimer des animaux, dans l'ordre suivant : le singe (avec des battements sur la poitrine), l'ours (avec les bras et les mains qui se dressent sans cesse en l'air), le kangourou (en boxant dans l'air et en avançant tout en en sautant doucement), le canard (en avançant les genoux écartés et pliés), le chien (à quatre pattes), le cobra (en s'allongeant sur le ventre, la tête dressée), l'étoile de mer (sur le dos, en se tortillant pour avancer), le faon (en marchant en arrière à quatre pattes) et l'écureuil qui mange ses noisettes (debout, avec les mains dans la bouche).

Le yoga progressif

L'enfant adore ressembler à ou faire comme. Alors profitez-en. Ce qui est surtout demandé ici, c'est que le souffle soit bien respecté au niveau du placement sur le mouvement de l'inspiration ou l'expiration. Certains vont naturellement respecter des temps d'apnées respiratoires. Laissez-les faire, mais ne cherchez pas à leur faire pratiquer seuls ce type de respiration en leur demandant de forcer sur le passage de l'apnée sans consignes précises, sauf si vous êtes vous-même déjà adepte du yoga depuis longtemps.

❶ **Le chat** : l'enfant se positionne assis au sol, sur ses talons. Puis il monte les genoux et passe à quatre pattes, les paumes posées vers l'avant. Il doit bien ressentir l'équilibre de la position. En inspirant, il creuse doucement et légèrement le dos (pas à l'excès !), puis il redresse la tête. Il souffle ensuite en arrondissant le dos et en baissant la tête entre les deux épaules. Puis il inspire de nouveau en relevant la tête, en creusant ensuite le dos… Il faut faire ces mouvements doucement, en conscience, sept fois.

❷ **L'enfant** : encore à quatre pattes, l'enfant va doucement amener son fessier sur ses talons, tout en laissant ses bras tendus les paumes contre le sol.

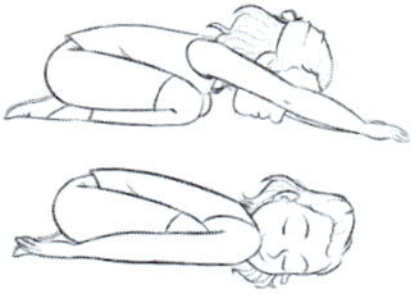

Puis il amène ses deux bras derrière lui, les paumes vers le plafond, le front pouvant aussi venir se poser sur le sol. L'enfant reste ainsi quelques instants en silence, à se reposer. Il sent, en inspirant et en expirant, son dos qui travaille, se tend et se détend.

❸ **Le chien** : l'enfant amène ses deux mains de chaque côté du corps et prend appui sur ses deux mains pour redresser tout doucement le haut de son corps. Puis il déplie bien son buste, son cou… Il se remet à quatre pattes, mais se positionne la pointe des pieds en avant vers le fessier. Il prend une grande inspiration, tend doucement les jambes en relevant son fessier et s'aide de ses bras, qui, eux aussi, se tendent en appui sur les deux mains au sol. Puis il pose ses talons sur le sol. Il étire son dos en soufflant bien et reprend une inspiration, amène doucement les genoux vers le sol, allonge ses orteils vers l'arrière et se positionne de nouveau, son fessier sur ses talons.

❹ **Le cobra** : l'enfant est allongé sur le ventre, les bras sont pliés et les mains posées à plat au sol, à hauteur des épaules. Il lève les coudes vers le haut, prend appui sur les paumes et commence à soulever la tête, qui entraîne les épaules et le dos. Ne forcez pas au point de le faire cambrer. L'enfant doit bien sentir qu'il fait travailler tout son dos en douceur. Il tient quelques instants ainsi en respirant tranquillement. Faites-lui aussi ressentir tous ses points d'appui au sol : paumes, hanches, pieds... Puis faites-lui effectuer les mêmes mouvements en sens inverse : il redescend le buste, les épaules et la tête, et se repose quelques instants. Il faut refaire deux fois l'ensemble.

❺ **L'arbre** : l'important, c'est la notion d'équilibre. L'enfant est debout et respire à son rythme, les bras le long du corps. Puis il soulève son pied droit et vient le poser le long du mollet gauche ou doucement sur le genou gauche, selon ses possibilités. Puis il amène ses deux paumes qu'il serre l'une contre l'autre, à hauteur de sa poitrine. Enfin, il tend ses bras au-dessus de la tête, les paumes toujours serrées. Il reste ainsi quelques instants à bien sentir l'équilibre de tout son corps. Il abaisse ensuite ses bras et repose son pied au sol. Il recommence cette fois avec le pied gauche.

❻ **La relaxation** : l'enfant est allongé sur le dos. Vous allez simplement lui demander de respirer calmement, en faisant attention à chaque partie du corps demandée et en y ajoutant la volonté de détendre complètement l'endroit concerné. Ayez une voix douce, lente et un peu hypnotique. N'hésitez pas à redire plusieurs fois la même phrase : « Pose ton attention sur le visage, il se détend, tu inspires et tu souffles. Tous les muscles du visage sont maintenant détendus. Tu es tranquille, en paix, calme. Maintenant, tu poses ton attention sur ton ventre. Tu inspires, le ventre se gonfle ; tu souffles, il se détend. Tu es reposé, tranquille. »

Le parcours idéal en relaxation consiste à :

- faire d'abord vérifier les appuis du corps sur le sol : tête, épaule, dos, mains, bassin, pieds ;
- suivre le sens de la tête vers les pieds et remonter derrière pour bien détendre le dos ;
- accorder un temps de repos final pour laisser la récupération se faire.

La méditation de l'après-midi

Voici maintenant quelques exemples de méditation simples qui vont permettre, en plein milieu d'après-midi, de canaliser les énergies en un point et de favoriser l'attention, la concentration et la bonne humeur dans la classe. Vous choisirez en fonction des besoins du moment. La méditation doit rester une activité créative, ce n'est pas un devoir ni une leçon supplémentaire. Ajoutez des détails, essayez toujours de prolonger un peu les séances, mais la régularité est plus importante que de faire beaucoup en une seule fois.

Pour réduire les humeurs moroses

« Être triste, cela fait aussi partie des expériences de la vie. Pour faire s'envoler cette tristesse, amuse-toi à t'asseoir pour méditer. Tu as le dos droit. Inspire par le nez et ton ventre sort, souffle doucement par la bouche et ton ventre se dégonfle. Fais cela quelques instants. Maintenant, ferme tes petits yeux pour mieux comprendre tout ce que tu ressens. Imagine que tu es comme une rose. Quand tu inspires, la rose s'ouvre au soleil, quand tu souffles, elle se referme un peu tout en laissant partir d'elle toutes ses peines et ses tristesses… Continue comme cela pour bien te rendre compte que tu es comme cette rose. Le soleil te touche, il sèche alors toutes tes envies de pleurer. Tu souffles, un vent doux vient te libérer de sentiments un peu gris et d'émotions tristounettes qui t'empêchent d'être heureux. Recommence tranquillement : tu inspires, la rose que tu es maintenant s'ouvre, tu souffles, le vent et les rayons du soleil viennent chasser toutes tes tristesses. Peu à peu, tu te sens mieux, plus joyeux, plus confiant en toi. Maintenant, reste les yeux fermés quelques instants et ressens comme ton corps est plus détendu, comme ta tristesse s'en est allée. Profite de ce moment de paix, reste en silence et repose-toi. »

Pour revenir au calme, à la concentration

« Le monde est plein de bruits et tu ne sais plus où tu en es. C'est simple : prends l'habitude de n'écouter que le son de la mer pendant quelques minutes, il va te permettre d'être bien présent et de te sentir en harmonie. Pour cela, assieds-toi confortablement. Ferme tes yeux (si tu le désires). Respire doucement quelques instants et sens comme tu te calmes très rapidement. Inspire doucement par le nez et souffle lentement par la bouche. Fais cela encore plusieurs fois. Puis pose tes deux paumes de main contre les oreilles. Imagine que tes mains sont deux coquillages en nacre, très beaux et très doux au toucher. Pose toute ton attention sur le son dans tes oreilles. Cela peut d'abord ressembler à un petit vent au loin, qui tournoie. Puis tu vas entendre la mer toute douce, avec le son des vagues, qui avancent sur la plage, reculent et repartent. Peut-être entendras-tu le son des galets qui roulent, ou du sable recouvert par l'eau ? Tout est bien tranquille, la mer et le beau soleil au-dessus de la plage te font le plus grand bien. Tu te sens calme et complètement reposé. Alors, vois-tu comme il est simple de te sentir en harmonie, avec simplement deux coquillages ? Raconte ce que tu as ressenti. »

Pour apaiser un trop-plein d'excitation

« Quand l'agitation extérieure est forte, être un peu seul te permet de te retrouver en harmonie. Pour cela, pratique cette méditation toute simple. Tu t'assieds tranquillement en tailleur et tu veilles à ce que ton dos soit droit (tu peux aussi être assis au bord d'une chaise). Pose bien tes paumes sur tes genoux. Imagine maintenant que tu es une petite abeille (tu peux fermer tes yeux). Reste la bouche fermée et répète le son « meuh » dans ta bouche en permanence (comme si tu chantonnais ou marmonnais). Ressens comme tout ton visage vibre, tes lèvres, tes joues... Continue ainsi et balance-toi tout doucement sur les côtés, en t'aidant de tes paumes de mains en appui sur tes genoux, comme une bascule. En fait, tu t'imagines être une abeille qui s'amuse au soleil à jouer et à se balancer sur un pétale de fleur : tu tangues, tu montes et tu descends. Enfin, reste quelques instants ainsi, à profiter de l'harmonie douce que tu ressens partout dans ton corps et ton esprit. »

Pour développer la compassion entre les enfants

« Autour de toi, il y a des gens que tu aimerais aider. Comment faire pour leur apporter quelque chose de profitable ? Pratique cette petite méditation de la compassion (de l'amour que tu donnes). Entraîne-toi à penser aux gens qui en ont besoin d'une manière positive, à leur envoyer des sentiments d'amour C'est une excellente façon de leur apporter un soutien. Assieds-toi ou allonge-toi tranquillement et pense à un proche ou même à quelqu'un qui t'a touché et qui est dans la difficulté. Imagine qu'il est tout près de toi, que tu ressens son mal-être. Comme c'est compliqué pour lui de sortir d'un sentiment qui l'envahit complètement ! Prends le temps, ressens cela, comme tu comprends ce qu'il vit… Imagine que tu le prends dans tes bras, que tu lui dis des mots réconfortants et que de ton cœur partent pleins de petits rayons de soleil. Imagine cela, prends ton temps et envoie des sentiments d'amour vers cette personne… Vois comme ces rayons éclaircissent le visage de cette personne dans la difficulté, qui, du coup, se sent moins seule, plus aimée et réconfortée. Continue en imaginant que tu lui fais des cadeaux qui la rendent heureuse, des cadeaux simples, des sourires, des gâteaux qu'elle aimera à coup sûr et qui lui feront du bien. Quand tu sens que tu as tout donné, reviens dans le présent en bougeant tout ton corps et repars le cœur léger, car tu as donné. Bravo ! »

Contre le stress

Pratique et directe, cette activité anti-stress est aussi idéale pour ramener l'unité dans le groupe et permettre, par exemple, de faire sortir les enfants en parfaite harmonie plutôt que dans l'excitation.

Tout le monde forme un cercle et se tient par la main. L'enseignant donne le rythme : on inspire tous en levant les mains ensemble, on prolonge en passant sur la pointe des pieds, on souffle et, lentement, on redescend les bras et on s'ancre bien dans le sol, en appuyant un peu sur chacun de ses pieds. On recommence… Il faut faire cet exercice sept fois. À la fin, chacun se salue.

IV - Après l'école

La sortie de l'école est toujours un moment très particulier. L'enfant est généralement resté assis longtemps à écouter, ou à faire des activités cérébrales. Pour son cerveau, la journée a donc représenté une période de travail intense. S'y mêlent sa relation au monde des copains et à la vie sociale, son rapport à l'autorité, les questionnements, les joies ou les craintes, la valorisation ou la dévalorisation. En fait, tout ce cortège de situations renforce son expérience de la vie. En ce sens, la vie des adultes est parfois moins intransigeante, leur personnalité a déjà construit ses parades ou adaptations et appris à utiliser les événements.

Pour votre enfant, c'est plutôt « cash », pas avec le même recul que l'adulte. Il y a des enfants qui s'en sortent bien : certains gardent en eux et expriment plus tard, d'autres expriment de suite. Le plus important est de comprendre qu'il faut créer un sas de passage à vide entre la vie à l'école et la vie à la maison, afin de fluidifier nerveusement les émotions ou fixettes mentales.

À l'heure du goûter

L'enfant quitte d'abord l'école pour retrouver ses fonctionnements en dehors des obligations scolaires. Il n'est pas question qu'il débarque chez lui avec tout le stress, ou le speed, qu'il vient de vivre. Cela passe donc par une « fenêtre ouverte » sur un autre paysage. Et, pour cela, la relaxation par le souffle et le mouvement est idéale.

Par politesse bienveillante, saluez déjà votre enfant (soit vous êtes à la sortie, soit il rentre seul et vous l'accueillez), mais sans lui mettre la pression. C'est encore un enfant.

Un temps de repos indispensable

Même si votre enfant sait très tôt utiliser le numérique et s'il a des réflexions de grand, il reste un enfant. Son corps, lui, a bien son âge. Ce qu'il vient de vivre dans sa journée se doit d'être assimilé et n'a rien à voir avec la culture du résultat. Il faut aussi parfois qu'il ne fasse rien ou pas grand-chose, voire s'ennuie, afin de faciliter l'intégration et la compréhension de toutes les informations conscientes et inconscientes qu'il a reçues dans la journée. Il a le droit d'être fatigué après sa journée, comme tout le monde. Le goûter est donc bienvenu, avec un verre d'eau ou un jus de fruits pas trop sucré, des fruits et un peu de pain complet, mais pas en surdose non plus.

Boire contre le stress

La première cause du stress est la déshydratation. Votre enfant doit donc boire régulièrement de l'eau de source ou minérale. Attention: un verre de soda équivaut à 8 morceaux de sucre... Est-ce utile?

Les activités après l'école

Plusieurs solutions sont possibles et se pratiquent avant de faire les devoirs.

Allez directement faire du sport, ou ne serait-ce qu'une ballade oxygénée. La respiration vient alors en aide. Voici un petit chemin bien-être tout simple. Il suffit de poser le cartable quelques instants, ou même de le pratiquer à la maison, la fenêtre entrouverte. Montrez-lui l'exercice d'abord une première fois, afin de lui faire exécuter les mouvements correctement.

Le chemin bien-être

Ici, l'enfant travaille sur des réflexes inversés. Amusants, ces mouvements ont l'avantage d'obliger votre enfant à se remettre en harmonie au niveau des deux hémisphères du cerveau. Il se concentre et se détend à la fois.

1. « Lentement, tu lèves le bras gauche en l'air et tu tends ta jambe droite vers l'arrière, puis tu ramènes. Ensuite, tu lèves le bras droit en l'air et tu tends ta jambe gauche en arrière, puis tu ramènes. Fais trois fois l'ensemble. »

2. « Tu lèves ton bras droit au-dessus de la tête et tu poses ton talon droit sur ton genou gauche, puis tu ramènes. Tu lèves ton bras gauche au-dessus de la tête et tu poses ton talon gauche sur ton genou gauche, puis tu ramènes. Fais trois fois l'ensemble. »

❸ « Tu lèves ton genou gauche et tu poses ta main droite sur ce genou. Puis tu lèves ton genou droit et tu poses ta main gauche sur ton genou droit. Fais trois fois l'ensemble. »

❹ Contre un arbre ou un mur, l'enfant doit d'abord amener les deux bras pliés vers sa poitrine en inspirant, puis souffler en penchant son corps vers l'avant et en posant ses deux paumes sur le mur ou l'arbre, tout en soufflant lentement. À faire trois fois.

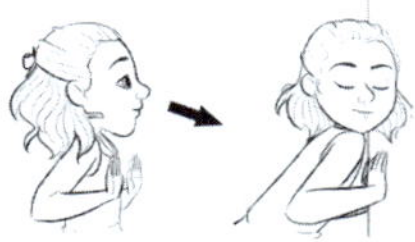

Le coloriage de détente

Le mieux est de créer le coloriage avec lui, ou de le réaliser à l'avance. C'est simple : il faut privilégier deux types de dessins, qui l'obligeront à utiliser des traits de crayon particuliers.

Un geyser

Demandez à votre enfant de partir du bas de la feuille, donc à la base du geyser, et de crayonner en priorité du bas vers le haut, comme s'il sortait de lui-même le trop-plein d'énergie, les énervements, les blocages, les mauvaises pensées ou les tristesses. Rien ne reste en lui, il exprime et se débarrasse de tout. Le choix des couleurs est libre.

Une cascade

À l'inverse du premier, les traits de crayons sont donnés du haut vers le bas avec une légère courbe. L'idée, c'est que votre enfant reprenne de l'énergie, mais centrée à un endroit bien précis. Cette énergie va ensuite s'écouler par un fleuve, donc dans un chemin bordé, pas en éclatements. Le choix des couleurs doit se porter sur les bleus apaisants en priorité.

Entre nuages et soleil

Si un événement malheureux est intervenu et si votre enfant paraît soucieux, mais ne parle pas, incitez-le à faire une autre petite activité de coloriage. Prenez une feuille blanche et demandez-lui de tracer une ligne au centre pour diviser cette feuille en deux. À gauche et en haut, faites-lui dessiner des nuages, avec la pluie qui tombe, au-dessus d'une situation, de personnages, d'objets... En fait, tout ce qui répond à : « Dessine ce que tu n'as pas apprécié aujourd'hui. » À droite et en haut, faites-lui dessiner un soleil et, en bas, tout ce qui répond à : « Qu'as-tu bien apprécié aujourd'hui ? » Laissez votre enfant décider s'il a envie de le dire ou simplement de le dessiner.

Ne pas juger son enfant

Parfois, il faudra plusieurs dessins ou même plusieurs journées avant qu'un enfant parle concrètement ou vous fasse comprendre ce qui le perturbe. Vous aurez d'autres solutions dans le chapitre Le coucher (voir p. 96), avec des contes que vous pourrez personnaliser. Ce que vit l'enfant, c'est bien sa réalité à lui, et il n'y a pas d'échelle de valeurs ou de comparaison possible avec ce que vous vivez en tant qu'adulte. Écoutez, restez bienveillant et ne faites pas d'intrusion dans le monde de l'enfant. Un simple accompagnement suffit d'abord et aide à dénouer ces tensions. C'est si la répétition de ce type d'attitude se répète qu'il vous faudra intervenir plus directement ou consulter un spécialiste de l'enfance avec votre enfant.

La méditation du goûter

En 3 minutes, prenez le temps de faire une petite méditation gustative avec votre enfant. En fait, ce type d'activité oblige déjà à faire le silence, à se poser, à laisser retomber la pression et à profiter de ce que l'on mange avec un plaisir décuplé.

❶ Votre enfant est assis avec son goûter à la main, soit au bord de la chaise et proche de la table, soit en tailleur au sol, en prenant soin de ne rien tacher (prévoyez serviette ou plateau). Demandez-lui d'abord de simplement fermer les yeux. Le but du premier jeu, c'est qu'il arrive à faire le silence pendant 1 minute. Pendant cette minute, il ne fait que poser son attention sur l'air qui rentre et sort par son nez. S'il commence à partir en rêverie, redirigez à chaque fois son attention sur l'air, qui entre quand il inspire et sort quand il souffle.

❷ Ensuite, pour la deuxième minute de silence, il peut commencer à manger très lentement son goûter. C'est aussi un jeu, laissez-le faire. En revanche, cette minute va lui apprendre à bien mastiquer, la mastication étant la clef de la bonne assimilation des nutriments dans son corps, mais surtout apportant la satiété. Cela évitera qu'il surcharge son organisme dès la fin d'après-midi. Invitez-le à sentir tout ce qu'il mange, à définir ce qui lui paraît comme sucré, salé, amer, acide, moelleux ou craquant. Ainsi, son sens du goût se développe et il apprend la distinction alimentaire.

❸ Pour la troisième minute, demandez-lui de se concentrer sur le parcours du résultat d'une de ses bouchées. Il doit bien observer l'aliment qui passe dans son œsophage et s'approche de l'estomac, ainsi que les contractions des mâchoires, la salive qui se répand et le cou qui se tend et se détend. En fait, il faut qu'il soit en pleine conscience de son action, sans rien d'autre. Ces 3 minutes ne paraissent peut-être rien, mais, en faisant régulièrement cet exercice, votre enfant développe une attention soutenue, se centre sur lui-même et ne se laisse pas absorber par d'autres choses en même temps. Ainsi, l'alimentation est un hameçon très utile pour forcer votre enfant à vivre dans l'ici et le maintenant.

Rectifier sa posture

Il est évident qu'un enfant a tendance à se tortiller tout au long de la journée et à compenser par des mouvements du corps les positions statiques qui deviennent ankylosantes. Normalement, chaque 20 minutes, un enseignant devrait demander à ses élèves de se lever et de procéder à des étirements… Étirer la colonne et repositionner le bassin doivent être donc faits dès le retour à la maison, même avant quand c'est possible. Cela « gomme » le mauvais stress dû aux articulations « forcées » tout au long de la journée.

❶ Votre enfant est debout, les jambes légèrement écartées et les bras le long du corps. Il inspire en levant lentement les deux bras au-dessus de la tête. Sauf qu'à mi-hauteur, il serre les dix doigts ensemble, puis retourne les deux paumes, les doigts toujours serrés vers le plafond. Une fois les bras tendus au-dessus

de la tête, il étire ses paumes vers le haut, tout en se mettant sur la pointe des pieds. En soufflant, il repose les talons au sol et rabaisse ses bras sur chaque côté du corps. Il recommence deux fois, en portant bien toute son attention sur sa colonne, qui doit s'étirer quand il lève les bras.

❷ Votre enfant s'assied au bord d'une chaise. Il amène lentement sa jambe droite au-dessus de la gauche, inspire doucement par le nez et souffle calmement par la bouche en tournant le haut de son corps vers la droite, donc à l'opposé. Pour cela, il tient son genou droit avec ses deux mains (genou qui reste posé sur le gauche), pour aider son dos à bien s'étirer. Il décroise ses deux jambes, puis recommence de l'autre côté, la jambe gauche sur la jambe droite et en s'étirant sur le côté gauche du haut du corps. Il peut encore refaire doucement deux fois l'ensemble.

L'éloge de la lenteur

La lenteur est garante du bon résultat d'un exercice d'étirement. L'enfant rentre dans la sensation, ce qui oblige son esprit à s'investir complètement, à rectifier si nécessaire et à insister aux endroits où il est nécessaire d'assouplir.

Le massage de la nuque

La nuque et le haut du dos concentrent souvent les tensions émotionnelles, le visage aussi. Voici un massage en trois points, très efficace pour gommer toutes ces tensions.

1. L'enfant pose une paume sur la tête et l'autre en travers de la nuque, avec le pouce et l'index pointés vers le bas. Naturellement, les trapèzes se relèvent. Le pouce et l'index servent de pince pour appuyer sur les muscles de la nuque, en partant donc du haut du dos vers le haut de la nuque. Peu à peu, on appuie, on relâche, on appuie, on relâche… À refaire plusieurs fois.

❷ L'enfant termine en allant loger chacun de ses deux pouces dans les petites cavités naturelles qui se trouvent juste en haut de la nuque. Il prend appui sur le sommet de son crâne, puis appuie et relâche sur ses renfoncements, plusieurs fois.

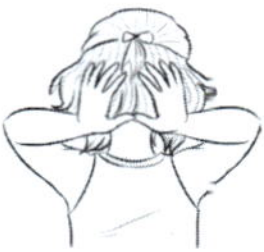

❸ Pour terminer, il suffit de bien frotter ses deux paumes de main, d'attendre que la chaleur se forme et d'appliquer ses deux paumes sur chaque côté du visage en partant du haut du front et en « étirant » tous les muscles du visage vers le bas, en plusieurs fois. L'enfant peut s'amuser à faire des sons et les déformer ensuite en passant spécialement ses mains sur ses lèvres plusieurs fois à la suite. Les lèvres, pourtant souples, ont besoin elles aussi de se détendre (beaucoup d'enfants se crispent à cet endroit, sans s'en rendre compte, et effectuent des sourires forcés).

Pour aider aux devoirs

Avant les devoirs

Évitez la télévision ou Internet avant les devoirs. C'est vrai que l'enfant peut, avec ce moyen, créer aussi un sas de décompression, mais il faut que vous soyez sûr de pouvoir le « récupérer » ensuite. Dans ce cas, décidez d'un temps ensemble : pas plus de 20 minutes, c'est certain. Parce que sans limite définie (dont vous ne dérogerez pas !), installé dans une forme d'hypnose engendrée par le flot d'images continues, n'attendez pas des étincelles intellectuelles pour les devoirs, le but des publicitaires étant de garder les enfants devant la télévision. Une petite précision : normalement, pour l'assimilation de la nourriture et la digestion, un enfant ne doit pas manger devant la télévision.

Ne confondez pas être parent et être copain

Vous êtes parent, pas copain, surtout dans ces moments-là. Vous ne serez pas plus branché ou jeune en vous montrant cool à des instants pareils. Vous desservirez votre enfant, bien au contraire. Être parent peut amener à une certaine complicité, mais pas à du copinage.

C'est parce que l'enfant a eu le temps d'évacuer certaines tensions, qu'il est rassasié, qu'il a donc repris des forces et de la lucidité et qu'il a bu au moins un verre d'eau que, maintenant, il est plus simple pour lui de se remettre en activité. Pour vous, c'est aussi moins compliqué de lui demander de se mettre aux devoirs.

Pour la concentration

Vous pouvez très simplement faciliter la concentration de votre enfant par une petite activité visuelle. Quand elle fonctionne mal, la vision fatigue, stresse et peut mobiliser 70 % de l'énergie du corps pour fonctionner. En effet, le déplacement dans l'espace et l'équilibre dépendent d'une bonne vision. La concentration en pâtit alors.

Le huit horizontal ou chiffre de l'infini

Votre enfant doit suivre (lentement) le contour du huit horizontal avec les deux yeux, en repassant bien par le milieu du huit, en descendant et en montant dans un sens, puis dans l'autre, et ce plusieurs fois. Ce mouvement doit bien sûr être effectué selon les possibilités de votre enfant et à son rythme. Il permet de connecter les deux hémisphères du cerveau ensemble et favorise la concentration.

Pour améliorer l'attention, on peut effectuer un petit massage des deux tempes.

Le massage du petit pirate

Voici un massage que tous les enfants et les adultes adorent. Les pirates se faisaient poser un anneau sur l'oreille gauche à un endroit bien précis. Car ce dernier correspond en fait à un point d'acupuncture connu en Chine pour améliorer la vision et l'attention. Vous pouvez donc dire à votre enfant que cet auto-massage n'est pas un simple caprice, mais qu'il est bon pour la santé. Montrez-lui comment faire.

❶ Serrez pouces et index l'un contre l'autre. Posez vos lobes d'oreilles dans ces deux « pinces naturelles » et étirez vos lobes doucement vers le bas, puis sur le côté. Ce simple massage détend énormément le visage et le cou et, en cas de début d'angine, il soulage la gorge. Il est donc à mettre au programme dans les moments de froids et de changements de saison, en préventif

❷ Terminez ce massage en faisant passer, le long de chaque oreille, la tranche de votre index (en remontant), en prenant bien soin d'appuyer à la base de l'oreille. Vous pouvez en même temps plier légèrement l'oreille, comme pour « la froisser », doucement.

❸ Terminez en donnant juste des petits coups sur le crâne pour stimuler.

Pendant les devoirs

Si les devoirs représentent plus de 30 minutes de travail, faites que, toutes les 20 minutes, votre enfant se lève, respire et marche un peu dans sa chambre ou la maison.

Il est bien d'aérer l'endroit pendant ce laps de temps. Les petits rhumes ou les débuts de grippe trouvent leurs sources dans les moments où la vigilance du système immunitaire est faible. Généralement, beaucoup d'habitations sont surchauffées et non aérées, avec des poussières, des moquettes…

Tout cela concourt à affaiblir peu à peu l'organisme de votre enfant. C'est aussi pour cela que le goûter est important et doit couvrir assez d'apports en minéraux pour que les défenses du corps fonctionnent. Il ne s'agit pas de reprendre du tonus, mais plutôt d'accompagner l'organisme dans les efforts qui lui sont encore demandés.

Après les devoirs

Éviter la télévision

La télévision n'est pas du tout obligatoire après les devoirs. D'ailleurs, il faudra choisir entre la télévision pendant 20 minutes avant les devoirs (peu souhaitée, quand même !) ou après, mais pas les deux. Et c'est non négociable !

Pour sa détente et sa créativité, il est indispensable que votre enfant soit dans l'obligation de s'occuper soit tout seul, soit avec un proche (ou un copain). Dans sa chambre ou son espace de jeu, mettez à sa disposition livres, jeux, jouets… qu'il puise en lui des envies de faire, d'inventer, de mettre en scène, de découvrir, de ne pas comprendre, de ne pas savoir… Qu'y a-t-il de créatif pour un enfant, quand il reste assis trop souvent devant un flot d'images qui l'excitent ou le rendent apathique ? Si vous voulez un enfant détendu, mais alerte, laissez sa part de créativité se développer, ses cinq sens se construire, son intellect grandir… bref, ne le privez pas de réseaux sociaux ou d'écran en général, mais partagez son temps libre en détente visuelle et en détente créative ! Et ne perdez pas trop de temps à vouloir absolument le convaincre...

À faire sous la douche ou dans le bain

La majorité des enfants se douchent ou prennent un bain plutôt le soir. Certains adorent, d'autres moins. Il y en pour qui c'est plutôt l'occasion de partir en vrille et d'exploser en humeurs variées.

L'eau a des effets relaxants si on l'utilise telle quelle. Pour cela, voici des propositions de relaxation, aussi bien sous la douche que dans le bain. Les adultes aiment généralement prendre du temps dans leur salle de bains, il faut transmettre cette envie aux enfants... Le bien-être est un excellent médiateur dans ce cas.

Sous la douche : les chemins de l'eau

- L'enfant règle d'abord le robinet sur la position tiède. Il ne faut pas de choc thermique : l'eau ne doit être ni trop froide, ni trop chaude. L'enfant apprend à prendre son temps. Il commence par passer le jet sur tout le dessus d'un pied en partant de la cheville, en direction des doigts de pied. Si la pression est réglable, il peut le faire plusieurs fois (simplement en allers, pas en retours), en augmentant la pression à chaque fois. Puis il passe à l'autre pied.

- Si la place le permet, l'enfant lève une voûte plantaire et fait aller le jet du talon vers les pointes des doigts de pied. Puis il passe à l'autre voûte plantaire.
- Maintenant, le jet (de nouveau doux) est projeté sur un genou, passe sur le tibia, la cheville et tout le dessus du pied jusqu'aux orteils. La deuxième fois, c'est au tour du genou, du mollet… Puis on reprend le même cycle de l'autre côté.
- L'enfant effectue les deux mêmes parcours en partant de la hanche vers le dessus de la cuisse, le genou… La deuxième fois, il part de la hanche pour aller derrière la cuisse, le genou, le mollet et sous la voûte plantaire. Puis il change de hanche et de jambe.
- Il prend quelques gouttes d'eau et va les poser dans son cou afin que la moelle épinière soit mise au contact de l'eau. Il pointe la douchette au-dessus du nombril et remonte en tournant progressivement en petits cercles continus vers le plexus solaire, le centre de la poitrine et le

début de la gorge. Puis il redescend en cercles vers le bas. Il remonte de nouveau, puis, arrivé à la gorge, il masse tout son bras (dessus et dessous), la paume de sa main, le dessus de sa main et les bouts des doigts. Enfin, en changeant la douchette de main, il repasse par le bas de la gorge et s'occupe de l'autre bras.

- Il passe le jet sur la nuque, en faisant légèrement tourner la tête vers un côté, puis l'autre et sur le centre du crâne. Enfin, il laisse doucement l'eau couler sur tout son crâne quelques instants (si la douchette peut être accrochée en hauteur, c'est le moment).
- Maintenant, il peut se laver avec savon et shampoing.

Dans le bain

Un peu à l'image d'un rituel pour adulte, apprenez à votre enfant à créer un moment de cocooning complet. Il intégrera le fait que prendre soin de soi facilite la détente et le bien-être. Ainsi, quand il sera fatigué, tristounet ou déphasé, il saura utiliser consciemment les propriétés de l'eau pour rectifier ses humeurs.

Rien ne vous empêche de le laisser se choisir une musique douce pendant sa séance. Vous pouvez aussi ajouter des élixirs floraux à mélanger dans le bain, à la fois pour parfumer et adoucir la peau.

Dans le cas d'un stress important ou d'une nervosité à fleur de peau, ajoutez plusieurs cuillères à soupe de gros sel et remuez bien l'eau. Le contact du sel et de l'eau sur la peau va apaiser votre enfant progressivement.

Demandez à votre enfant de faire des gestes décomposés et très lents dans l'eau au niveau surtout des articulations, qui gardent souvent en elles les tensions des faux mouvements faits dans la journée.

- L'enfant pose ses paumes sur chaque rebord de la baignoire pour se caler et soulève un pied, le fait tourner dans un sens, puis dans l'autre, afin de bien détendre la cheville (le pied reste dans l'eau pour qu'il puisse sentir la résistance de l'eau pendant le mouvement). Puis il passe à l'autre cheville.
- Il reprend le même principe. Sous l'eau, il fait tourner chaque main dans un sens et dans

l'autre pour bien activer le poignet. Puis il fait de même avec l'autre poignet.
- Il se lave et se shampouine juste avant la fin du bain, afin de ne pas rester à tremper dans le savon et les résultats de son nettoyage.

Au repas du soir

Avant le repas

Il est important que votre enfant (ne serait-ce que 10 minutes) se rende utile dans la maison plutôt que de se retrouver devant n'importe quel type d'écran, le temps d'attendre que le repas soit fait. Il ne doit pas y avoir d'enfant-roi.

Un enfant doit aussi se coucher dans une chambre propre.

Check-list de l'aide efficace de fin de journée (à compléter)

- Ranger sa chambre.
- Mettre son linge sale dans le panier.
- Aider pour la constitution du repas.
- Mettre la table.
- Autres ? Lire un Livre

Vous pouvez tout aussi bien profiter de ce temps pour construire une séance de quelques minutes d'échanges sur des activités à mettre en place pour le week-end ou sur un aménagement du planning pour que le « roulement familial » s'améliore, pour évoquer un problème ponctuel qu'il faut résoudre de suite ou pour poser des dates afin de constituer une réunion complète afin de discuter de certains problèmes. Pour cela, le carnet de correspondance mis à disposition (voir p. 20) est un excellent médiateur, qui évitera bien des conflits. Faites cela avant de passer à table. Sinon, tout se dégradera à coup de chantage alimentaire et de grise mine, et tout le monde en pâtira. À table, on mange, on parle, mais on évite d'avoir à « régler » les problèmes. Bien digérer est une des clefs de la relaxation. N'empoisonnez donc pas l'atmosphère à ce moment-là !

Si, au cours du repas du soir, vous n'arrivez pas à couper la télévision (qui devrait l'être), évitez les informations ou émissions violentes. Ne mélangez pas stress visuel, donc réactions émotionnelles, et alimentation.

Petite méditation avant de manger

Une activité conviviale prédispose à se retrouver au dîner en étant déjà tous en bonne entente.

- Posez un aliment de type pomme ou légume sur la table. Chacun doit observer la pomme pendant 1 minute en silence et la décrire ensuite.
- À partir des mots entendus, chacun dit un mot, puis un deuxième, qu'il dit à la personne à sa droite. Celle-ci répète la phrase et ajoute un mot, et ainsi de suite jusqu'à l'oubli du mot à un moment ou à un autre.

Ce simple jeu concentre l'attention de tous autour d'une seule idée. Le but, c'est de rendre l'attention commune. Vous pouvez tout aussi bien jouer aux devinettes, reconnaître une mélodie…

Pas de portable à table !

Comment voulez-vous communiquer et vous connaître si chacun converse ailleurs ? Prévoyez donc un vide-poches, où tous les portables seront posés.

V - Le coucher

L'endormissement de l'enfant est de plus en plus problématique. Cela tient beaucoup au déroulement d'une journée, où trop peu de temps est accordé à développer la notion de bien-être. Quand on parle de bien-être, ce n'est pas être plus tendre avec lui, mais moins pressant. C'est surtout lui donner les opportunités, dans son quotidien, de comprendre ce qu'englobent les notions d'attention à ses besoins d'harmonie, pour bien vivre son quotidien (tant au niveau physique que psychologique). Comment se construire dans ce monde sans perdre son côté unique, sa spécificité ? Le moule de la vie en est bien un, autant le rendre plus spacieux et créatif.

Mieux vaut ces adultes qui prédisposent l'enfant à comprendre qu'agréable et désagréable sont les deux faces de la même pièce que de désigner directement ce qu'il faut adopter ou repousser dans le monde qui l'entoure. Cette séparation entre « il faut » et « il ne faut pas » est importante, mais c'est ensuite à l'enfant d'apporter un regard personnel, élaboré à partir de ses propres expériences. C'est donc au monde adulte de lui inculquer ceci et de ne surtout pas éviter de voir ou de comprendre.

Si le fil conducteur journalier ne suit pas cette ligne, l'enfant sectorise entre ce qu'il aime ou pas et ce qui le contraint ou pas, donc prend une toute petite partie du fruit de ses expériences en considération, selon ce qui l'arrange. Et en fin de journée, comme peu de parents lui apprennent à fluidifier sa nervosité, il se défait de ses « bagages » émotionnels vécus. Cet enfant peut s'exciter très rapidement, ou ne rien dire et faire profil bas, être dans mille pensées à la fois… Il est en décalage complet entre son ressenti du monde extérieur et celui de ses propres ressources, qui ne s'accomplissent pas dans son quotidien. C'est palpable au moment où le silence devient le miroir visible de cet état de fait : le sommeil. L'endormissement devient alors problématique pour lui, comme pour vous.

L'endormissement

Les adultes doivent retenir la règle suivante : **il y a un temps pour l'enfant et les parents, mais aussi un temps pour le couple**, qui a besoin de se retrouver. Un enfant repère très vite comment perturber le fonctionnement de l'entente entre papa et maman et sait très bien comment jouer l'un contre l'autre afin d'obtenir ce qu'il veut. Après une journée difficile ou rentrés tard, les parents ont tendance à être moins patients, à céder davantage face aux désirs de leur enfant. Et le couple s'oublie… De plus, l'enfant ne demande qu'à n'avoir que des parents, il ne perçoit pas le couple tout de suite et, si c'est le cas, c'est d'abord quand ça l'intéresse. Et la période de l'endormissement est un excellent passage pour mettre à l'épreuve les parents…

Quelques pistes pour l'endormissement

Ces pistes commencent bien avant le coucher. Une journée difficile, ou qui a connu des problèmes de compréhension ne se règle pas 5 minutes avant de dormir. Il est bon de créer, chez votre enfant, l'idée d'un petit rituel de l'endormissement, qui l'aidera à se réconforter et se sécuriser. L'avantage, c'est qu'il peut ensuite l'adapter à ses besoins, ses envies et ses volontés d'expression, de partage ou d'isolement – beaucoup d'enfants se sentent aussi « envahis » par les adultes et leur monde, qui souvent les dépasse, surtout quand les parents rentrent soucieux ou harassés.

Enfant hypertonique ou tristounet ?

Pensez bien qu'un enfant fatigué nerveusement peut tout prendre au premier degré et devenir susceptible et irritable. Un enfant surexcité a tendance à « jouer » l'hypertonique afin de conserver votre présence dans la chambre. Un tristounet en manque d'affection ne demande qu'un câlin et de la présence. Le rapport à l'endormissement est donc pour vous l'occasion de bien cerner votre bout de chou, avec ses manques et ses trop pleins. En fait, votre rôle est surtout de proposer un équilibre de l'ensemble de l'écoulement nerveux et émotionnel, à l'image d'un plombier qui entretient les tuyaux : pas de blocage, pas de fuite non plus...

Check-list des oppositions

Définissez déjà les instants calculés par votre enfant pour retarder le moment de l'endormissement. Complétez et indiquez à côté comment vous pourriez utiliser cela pour en faire un rituel, plutôt que de laisser votre enfant en faire une ruse pour retarder le moment clé.

- Une envie de ranger soudaine : ....
- Un débordement de câlins : ....
- Une envie de jouer à des jeux très poussés : ....
- Une volonté de boire à répétition : ....
- Lire pas un, mais au moins cinq livres : ....
- Des retours aux toilettes continus : ....
- Se laver encore une fois les mains et les dents : ....
- Passer un SMS ou liker sur Facebook : ....
- S'intéresser soudainement à la vie des autres : ....
- Tenter de culpabiliser ou d'attirer toute l'attention par des crises : ....
- Une faim soudaine, surtout sucrée : ....
- Préparer ses affaires pour le lendemain : ....
- Compléter : ....

Avec ce que vous avez décrit ici, vous êtes à même de hiérarchiser les priorités et de mettre en ordre, avec ces éléments, un rituel utile et qui sera basé sur votre propre expérience. Par exemple, en imaginant que vous avez relevé certains comportements, construisez votre rituel.

- Une envie de ranger soudaine : à faire avant le dîner.
- Passer des SMS : à faire avant le dîner.
- Lire : un livre unique, choisi en accord avec les parents. Avant de dormir, lire si possible dans le lit.
- Le concours de câlins : à faire quand l'enfant est déjà dans le lit.
- Une faim soudaine : non, car on ne va pas faire de nouveau brossage des dents. Et c'est à table que l'enfant doit manger.

Alors, comme par hasard, votre enfant va d'un coup avoir moins besoin de lire, ne plus ranger… C'est aussi ce qui est intéressant dans l'éducation : rendre votre enfant responsable de ses choix.

Qu'est-ce que le rituel de l'endormissement ?

C'est une suite d'activités bien définies qui vont déterminer un parcours : le déroulement du chemin de l'endormissement. C'est la répétition chaque soir de ce même rituel qui va en enraciner les bienfaits. La régularité rassure l'enfant, il y trouve un moyen d'expression, comprend ce qui se met en place et sait qu'il aura des moments particuliers qui lui seront réservés – ce qu'il recherche en fait avant tout. Pour vous, c'est aussi une manière de vous appuyer sur un cadre, avec très rapidement une possibilité de rectifier ou améliorer. C'est donc aussi une façon de vous rassurer, vous n'êtes pas dans le *no man's land*, l'à-peu-près ou le grand n'importe quoi, où l'enfant fait de vous ce qu'il veut.

- Être parent, c'est découvrir la flexibilité et accepter de s'adapter, sans pour autant abandonner l'idée première : un enfant se couche à heure fixe, quoi qu'il se passe.
- L'horloge biologique (appelée aussi « horloge circadienne ») de votre enfant, au niveau des temps de sommeil, fait que, si votre enfant rate le train du sommeil, il peut se passer plus d'une heure avant qu'il ne se représente. Et votre enfant pressent très bien quand il est prêt à succomber, d'où généralement les énervements soudains ou la volonté de détourner l'attention sur autre chose.
- Construisez un temps de passage de la fin de la journée vers le sommeil. Évitez donc de ramener les questions du jour pendant la

phase d'endormissement. Tout doit être réglé avant que votre enfant soit allongé.

- Un enfant se construit dans le sommeil : c'est au cours de la première partie de sa nuit que se situe le point le plus élevé de sécrétion de l'hormone de croissance.
- Ne cédez pas, quitte, par moments, à passer pour intransigeant. C'est aussi rendre service à votre enfant, car cela lui permet de se construire.
- N'attendez pas de remerciement ou de retour de contentement dans ces moments-là. Ce sera peut-être pour beaucoup plus tard, sûrement quand votre enfant deviendra lui aussi parent… Il n'y a donc pas de raison affective de ne pas imposer parfois ce qu'il y a à faire.

Maintenant, les âges différents et les conditions du moment font que tout peut ne pas se dérouler comme prévu. Comme repère de votre rituel, inspirez-vous de cet enchaînement en quatre points ou aménagez-le. C'est le garant de l'apaisement familial et de la possibilité de proposer un terrain d'entente intelligente et de calme pour tous.

❶ **Avant le dîner : un temps pour préparer le lendemain.** Il faut le faire avec votre enfant pour qu'il se responsabilise bien dans ses choix. Ranger, même un minimum, est indispensable : une chambre « au clair » donne plus envie d'y dormir qu'un capharnaüm.

Il faut aussi faire le tri des affaires à porter le lendemain, en une seule fois. Disposez dans le cartable les cahiers, livres et crayons nécessaires pour le lendemain en classe. N'oubliez pas le sac avec les affaires de sport ou pour d'autres activités. Dire de quoi sera composé le dix-heures (s'il y en a un) ou le goûter, pour ne pas avoir à y revenir. Préparez-le si possible sur le moment (sauf si la fraîcheur est indispensable) et ne le changez pas le lendemain. Si tout cela ne peut être accompli qu'après le dîner, limitez le temps pour que cela ne devienne pas un repère d'activités contraignantes et speed. Sinon, il y aura chantage et affrontement.

❷ **Après le dîner : un temps pour l'hygiène.** C'est incontournable. Brossage des dents, toilette et lavage des mains sont toujours indispensables, surtout après avoir été aux toilettes. Ne touchez surtout pas à un clavier d'ordinateur ou à un Smartphone. Peu de personnes nettoient tous les jours ces appareils. Ceux-ci contiennent en surface un nombre incalculable de bactéries. De plus, l'électricité statique qu'ils dégagent relance le captage de signaux par le corps. Le cerveau se relance et l'heure de l'endormissement s'éloigne…
S'il vous faut ranger un minimum parce qu'avant le dîner, ce n'était pas possible, faites-le toujours avec votre enfant, qu'il vous aide au moins en partie, qu'il participe. Prenez pour exemple que, dans la cuisine, vous faites et rangez après le dîner, ce qu'il doit aussi apprendre à faire. Mais que cela ne devienne pas une source de conflit de suite, vous pouvez tout aussi bien réserver cela pour le week-end, en le faisant à fond avec lui.

Pas d'en-cas après dîner

L'enfant ne doit pas emporter une réserve alimentaire, tels des gâteaux ou autres, dans sa chambre... Si vous l'acceptez, soyez sûre qu'il y touchera, d'où découleront un grignotage inutile et une mauvaise récupération pendant le sommeil : dîner et goûter supplémentaires après le dîner équivalent à une digestion plus longue, à une qualité de sommeil amoindrie, à une prédisposition à l'obésité et à des dents qui s'abîment.

❸ **Un temps d'activité court hors du lit** : l'enfant peut faire du coloriage ou lire un petit livre. Certains enfants préfèrent vivre ce moment seuls, avec vous en toile de fond – généralement, en rangeant ce qu'il reste, en fermant les volets... Cela régule leur humeur et les aide à bien se déconnecter de leur journée. Si cela vous inclut, délimitez bien sûr le temps à l'avance, et c'est une activité douce qui doit prévaloir.

Ce petit moment créatif peut aussi être très intéressant quand votre enfant a quelque chose à dire ou à faire comprendre. Cela peut d'ailleurs devenir le moment de questionnements totalement inattendus, surtout en cas de mésentente des parents, de pressions insupportables vécues à l'école ou à la maison, de sujets d'actualité difficiles… Il s'agit de sujets qu'il ne comprend absolument pas ou qui le dépassent souvent. Des activités sont proposées plus loin pour ce type de relation. L'avant-coucher est souvent un moment de confession, où l'intimité et la confiance se construisent de chaque côté, des parents et des enfants.

C'est aussi le moment ou vous pouvez juste laisser se diluer pendant 2 minutes un peu d'huile essentielle de mandarine, pour son côté apaisant, agréable et légèrement sucré, ou encore celle de lavandin pour lutter contre le stress. Vérifiez cependant si votre enfant n'est pas trop sensible aux huiles essentielles.

S'il est nécessaire de préparer un CD, faites-le maintenant, afin de ne pas vous presser ensuite. Pensez maintenant à ne mettre que la lumière de la table de chevet, afin que le décor de l'endormissement soit déjà planté.

❹ **Un temps d'activité dans le lit** : c'est un moment de cocooning certes, mais surtout le temps du passage définitif à la nuit. Il est plutôt préférable de choisir un livre à ce moment-là. Mieux vaut éviter les liseuses numériques qui, même si l'intensité numérique se règle, ont tendance quand même à légèrement exciter l'enfant. Évitez surtout l'accès Internet sur la tablette, sauf si vous êtes hyper-strict sur le temps et la manière de s'en servir. Tout ce qui raccroche l'esprit à ce qui se passe en dehors de la chambre est susceptible de réveiller et de relancer émotion et mental.

La manière de raconter une histoire peut très bien s'agrémenter de petits jeux calmes de relaxation (voir p. 121). C'est le moment du verre d'eau en une fois. Si l'enfant veut soudain faire pipi, c'est aussi en une fois (si possible).

Pensez bien que votre enfant vous observe et vous connaît. Il teste en permanence, lance sa ligne et voit avec quel hameçon il peut vous prendre.

Pas de copinage !

Votre but n'est pas d'être aimé par vos enfants, mais d'abord d'être leur parent. C'est net et précis : on ne peut pas faire de copinage dans ces moments de vie si précieux, où l'enfant attend de vous que vous lui donniez des bases efficaces et utilisables de suite. C'est aussi ainsi qu'il vous accorde sa confiance, ce qui est peut-être l'un des plus beaux cadeaux de sa part. Encore une fois, ce sont les enfants qui construisent les parents. Il faut donc accepter d'être parfois de simples médiateurs. Les opportunités de partage existeront quand même dans ces circonstances, même s'ils n'ont pas la même saveur. Les câlins rassurent, mais ne remplacent pas l'heure normale du sommeil, qui est nécessaire.

Quelques activités pour le soir

L'avant-dîner : un temps pour préparer le lendemain

Dîner à table avec des enfants calmes, c'est le rêve de tout parent. Voici comment y arriver.

La question du rangement

Amusez-vous à faire des passages de rangements d'affaires, en restant uniquement silencieux : « Tu ranges avec moi doucement. Range les jouets et ce qui doit aller au sale va dans la corbeille à linge. Et top ! On le fait tous les deux en silence pendant 10 secondes, je te dirai quand on peut reparler. Top ! C'est bon, on continue en parlant. Attention... top ! On fait tout au ralenti, et même au super-ralenti ! Compte 20 secondes avec moi pendant ce temps. Seuls les mouvements au ralenti sont autorisés : 20-19... 1. Top ! On repart à la bonne vitesse et on continue. Top ! En silence pendant 10 secondes, etc. »

Ce rythme un peu « cassant », entre silence, ralenti et rythme normal, oblige à une concentration apaisante. Le ralenti est génial pour tous les enfants prêts à bondir sur la moindre occasion de faire le chahut. Toute leur énergie se recentre alors sur un seul point d'attention. Et ça marche !

La question du choix des vêtements

Agissez surtout par le choix des couleurs. C'est un très bon apprentissage de l'influence des couleurs sur les émotions, pour lui comme pour vous. D'ailleurs, vous apprendrez beaucoup sur la psychologie présente de votre enfant, selon la manière dont il s'habille et les couleurs qu'il préfère porter – c'est un excellent indicateur de tendances. Certaines couleurs, toujours absentes dans son environnement ou absentes par choix, indiquent aussi certains traits du caractère qui se dessinent ou pas, notamment quand il y a absence de noir (disparition du monde des couleurs, affirmation du moi) ou de blanc (synthèse de toutes les couleurs et prédominance de pureté). Rappelons qu'un enfant peut aussi être attiré par certaines couleurs pour s'en attirer les facultés. Dans le chapitre Le week-end et les vacances (voir p. 127), l'aménagement des couleurs dans la chambre, en rapport avec le feng shui, complétera cette connaissance des couleurs.

La colorthérapie

Voici les principales caractéristiques reconnues en colorthérapie. Suggérez à votre enfant les qualités de ces couleurs. Jouez avec cette idée de parler de couleurs, de faire évoluer sa compréhension de ce monde qu'il pressent très facilement et laissez-le faire son choix. La graine est semée, il s'en emparera quand il le désirera vraiment. Le message sera alors passé.

Le rouge : c'est la couleur de l'énergie, du dynamisme et de l'activité. Appliquée au corps, cette couleur va réchauffer et apporter du yang. Ce peut aussi être un signe de colère. Un rouge clair symbolise une énergie dynamique.

Le rose: c'est la couleur de l'affectivité et de la tendresse. Le désir du rouge est adouci par le calme, la sincérité et la profondeur des sentiments. C'est un peu un sourire, un instant de bonheur, de légèreté communicative.

L'orange: c'est la couleur du mouvement, de l'affectif et de la joie. Plus doux et lumineux que le rouge, il est quand même très dynamique. Il exprime l'enthousiasme.

Le jaune : c'est la couleur du mental, des facultés de discernement et d'analyse, de la concentration et des idées claires. Il est connu pour représenter la gestion des émotions par l'intellect.

Le vert: c'est la couleur de l'harmonie et du cœur, mais aussi de l'amour de la nature. C'est une première couleur froide qui apaise. Le vert est aussi porteur d'espoir et d'abondance.

Le turquoise : c'est la couleur de l'apaisement mental. Lumineux, harmonisant et calmant, il fait rêver, à l'image des mers du Pacifique. Il reste dynamique et doux.

Le bleu: c'est la couleur du calme, de la paix, de l'espace et du ciel proche. Son action va rafraîchir, apporter du yin et modérer les réactions au stress. Il est très utilisé pour communiquer et aide à développer la créativité.

L'indigo: c'est la couleur de l'inconscient. Plus foncé que le bleu, il invite à s'intérioriser. C'est aussi un signe de profondeur intérieure, de religiosité.

Le violet: c'est la couleur du passage, de la transition, voire de la transmutation. Il invite également au respect et à la dignité. Il exprime la sagesse et la sérénité.

Le blanc: c'est le symbole de la pureté et de la loyauté. Peu d'enfants ont conscience de sa force et de ce qu'il présuppose. La neige est blanche et la robe de mariée est blanche. La portée symbolique de cette couleur est souvent très forte.

Le noir: c'est l'absence de couleur, donc l'expression d'un sentiment clairement défini. C'est aussi une affirmation de soi, qui ne laisse pas à l'autre la moindre possibilité d'affirmer sa différence.

En ce qui concerne le haut du corps et le bas du corps, l'enfant va être de plus en plus amené à choisir un bas et un haut de couleurs différentes.

L'harmonie ne sera pas forcément au rendez-vous dès le départ. Voici juste une approche pour le sensibiliser aux couleurs chaudes et froides, et complémentaires (voir tableau ci-dessous). Ensuite, son « bon goût personnel » s'exprimera. Essayez, en prime, de lui faire choisir la couleur des chaussettes ou du collant, qui doit être identique à la couleur dominante du haut du corps.

Tableau des couleurs complémentaires

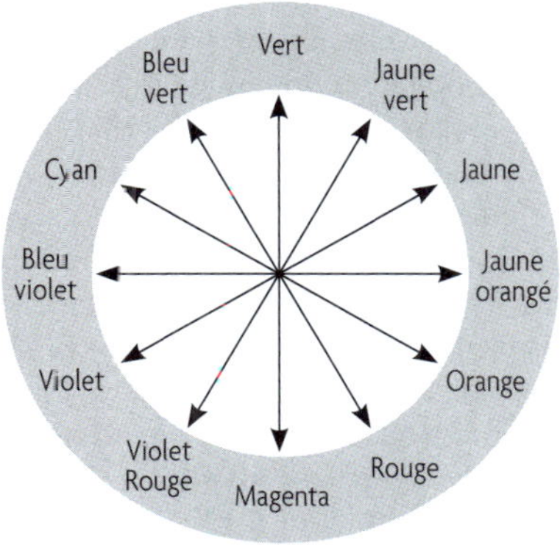

Petits jeux de découverte des couleurs : Il existe également une méthode visuelle pour reconnaître une couleur complémentaire. Il suffit de placer la couleur qui vous intéresse sur une surface blanche, puis de la fixer durant 1 minute. Lorsque vous retirez cette couleur de la surface blanche, la couleur complémentaire apparaît devant vos yeux.

La préparation du cartable

Établissez une check-list ! Ce peut être un simple Post-it® placé sur le bureau, avec la liste des affaires de base qui doivent être préparées la veille, pour éviter la précipitation du lendemain. N'oubliez surtout rien, car vous aurez droit à une réflexion du genre : « Mais je n'avais pas ma gomme ! » Sachant en plus que des activités périscolaires viennent maintenant se greffer, soyez vigilant et apprenez surtout à votre enfant à l'être. Pensez que, certains jours, tout n'est pas forcément utile non plus : évitez le surplus de livres et de cahiers. C'est le dos de votre enfant qui souffre ensuite. Cette check-list oblige aussi votre enfant à s'intéresser à ses activités scolaires et à ce dont il a besoin pour les faire fructifier. C'est le gage de moins de stress pour tous.

Check-list journalière

- Cahiers du jour : ....
- Livres nécessaires du jour : ....
- Crayons et stylos : ....
- Accessoires (gomme, taille-crayon...) : ....
- Affaires périscolaires : ....
- Affaires de sport : ....
- Goûter : ....

Certains établissent un programme hebdomadaire complet sous la forme d'une affiche scotchée sur un tableau. Cela évite d'avoir à regarder à chaque fois son agenda.

L'après-dîner : un temps pour l'hygiène

Concernant le brossage des dents, vous pouvez de nouveau utiliser la chansonnette vue page 16. En revanche, le soir, votre enfant doit bien comprendre que des dents non lavées le soir prédisposent à de grands ennuis ensuite, et sur le long terme. Afin qu'il soit bien conscient que ce n'est pas qu'un jeu, je vous propose cette petite méditation du brossage, couplée naturellement à une manière de se débarbouiller le visage et les mains.

Activités pour la toilette

La méditation du brossage de dent

Pratiquez-la en même temps que votre enfant. C'est encore mieux pour imposer une véritable concentration. Il faut poser son attention sur chaque geste effectué. Il ne s'agit surtout pas d'aller vite, mais, au contraire, de bien s'investir. Prenez par exemple l'histoire du lapin ou du castor, qui ont tous les deux de grandes dents.

Ce sont un castor qui, après avoir coupé plein de bois avec ses dents, et un lapin qui, après avoir coupé des carottes pour les manger, se retrouvent tous les deux dans l'obligation de bien se nettoyer leurs dents. « Si elles s'abîment, dit le castor, je ne pourrai plus construire de maison. » Et le castor passe doucement la brosse sur ses dents de devant. Il s'applique et respire doucement, en allant de haut en bas et de bas en haut. « Fais comme le castor, tu peux te regarder dans la glace pour vérifier tes gestes, soit précis, délicat, sans brutalité. Tu vas de haut en bas et de bas en haut, doucement. Sois sûr de passer partout ! »

Puis le lapin ajoute : « Si je ne vais pas nettoyer les dents du fond, je ne pourrai plus mâcher les carottes. Or, en mâchant, j'ai tout le bon goût du jus de carotte ! » Et le lapin va loin au fond de sa bouche frotter en haut et en bas mais aussi dessus, et même derrière. Il fait cela tranquillement, se détend et se concentre sur ces simples gestes.

Et le castor, voyant cela, passe lui aussi bien derrière chaque dent, en frottant doucement et lentement, pour être sûr d'enlever toute trace de bois ou de nourriture… Puis tous les deux prennent un peu d'eau dans leur bouche et frottent de nouveau tranquillement pour enlever toute trace de dentifrice et bien rincer leur bouche. « Merci lapin et castor pour cette leçon de brossage de dent ! »

Le débarbouillage et le lavage des mains

Il est important de bien suivre l'ordre indiqué. Une fois enregistré par le cerveau, l'enfant n'oubliera plus jamais les différentes étapes du nettoyage du visage et des mains.

Le lapin et le castor ont maintenant rendez-vous chez une ravissante amie biche. Chacun se débarbouille le visage sans rien oublier. Un peu de savon sur le gant, et c'est parti ! Le front et les tempes, les joues, le menton, autour des yeux, le nez et enfin derrière les oreilles. C'est parfait !

Et comme l'amie biche est très regardante sur la propreté, nos deux compagnons se lavent les deux pattes de devant au savon : dans les paumes, le long de chaque doigt ouvert, autour de chaque poignet, sur le dessus des mains, sur le dessus de chaque doigt allongé, sur les bouts de tous les doigts et sous les ongles. C'est parfait ! Ils peuvent maintenant aller à la rencontre de cette tendre biche.

Un temps d'activité courte hors du lit

Un coloriage mandala

Ce type de coloriage est idéal. Privilégiez les mandalas de type paysages vallonnés, qui demandent de faire de simples gestes, longs et courbes. Le soir, évitez les motifs qui demandent beaucoup de précisions et d'attention (à moins que votre enfant ne soit encore très éveillé). L'important, c'est qu'il existe une notion d'espace réconfortant, voire de cocooning, mais pas d'enfermement, ni de personnalisation de super-héros. Il faut éviter que le mental gambade et déclenche trop de réflexions ou de pensées. Sensibilisez votre enfant aux couleurs apaisantes comme le vert, le bleu et le violet.

Un coloriage plus libre

Dans le cas d'un enfant qui reste éveillé parce qu'un malaise n'a pas été réglé, il peut être souhaitable de le laisser dessiner en lui demandant de simplement colorier, sans forcément représenter une forme particulière.

Si vous avez besoin que sortent de lui le stress ou la colère, dessinez pour lui une poubelle au centre du dessin. Qu'il commence par ne faire que des petites boules formées de pointillés au crayon, ces boules sont uniquement situées autour la poubelle (cela va déjà réguler sa tension nerveuse). Puis demandez-lui de tirer un trait de crayon, qui part de chaque boule pour finir dans la poubelle. À chaque fois qu'il trace ce trait, il souffle doucement et lentement.

Le coloriage se termine tranquillement avec de simples couleurs à répartir sur le reste du dessin, comme il l'entend. C'est pendant cette période que vous pouvez lui demander ce qui n'allait pas et écouter ce qu'il veut bien vous dire.

Un auto-massage bien-être du pied

C'est le meilleur massage pour endormir votre enfant. Montrez-le lui d'abord en étant face à lui. Faites-le lui aussi et demandez-lui de vous le faire, afin de bien repérer les gestes et de les mémoriser. Cela demande bien sûr un peu de souplesse, mais, quand cela fait du bien, l'enfant se débrouille généralement très bien. Suivez ce petit guide : 5 minutes par pied peuvent déjà suffire à vaincre tensions, anxiétés ou énervements.

Le plus relaxant, c'est de parcourir toute la voûte plantaire en partant du centre et en appuyant, puis de relâcher en progressant sur toute la surface. Pensez bien au talon. Une main bloque le pied et l'autre « travaille ».

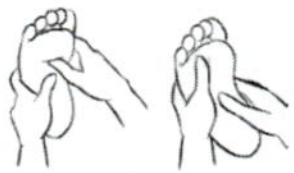

Pensez aussi à parcourir tout le dessus de chaque pied, à faire tourner doucement chaque doigt de pied dans un sens et dans l'autre et à tirer légèrement dessus.

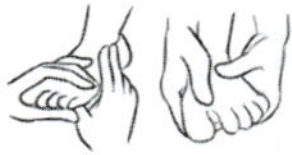

Le temps des activités au lit

Le compte à rebours

Un conte à l'avantage de sortir l'enfant de son histoire personnelle, avec de nouveaux personnages, des aventures incroyables et des moments privilégiés avec papa ou maman. Ce grand classique de la relation parents-enfants est un axe à privilégier pour amener peu à peu la relaxation et l'endormissement. Vous pouvez bien sûr en inventer, à partir d'un canevas mêlant détente et scénario, qui vous est proposé plus loin (voir Raconter une histoire, p. 123). Mais utiliser déjà les contes écris du répertoire traditionnel est parfait, surtout en y ajoutant un élément très simple et efficace : le compte à rebours.

Prendre un livre de conte

Il va vous falloir tout simplement prévenir votre enfant que le conte va commencer par le chiffre 10 et, que, au fur et à mesure des chiffres qui vont être énumérés de 10 à 1, l'endormissement se mettra véritablement en place. Ce que vous allez simplement ajouter de vous-même, ce sont des formules de relaxation, présentes ci-dessous. Ces formules seront énoncées juste après chaque chiffre et placeront votre enfant dans un processus de détente, et surtout d'acceptation du moment de l'endormissement, qui s'emparera invariablement de lui. C'est un moyen mental d'acceptation, mais aussi qui sert à « désangoisser » l'enfant.

Un exemple de compte à rebours

10 : « Tout est tranquille, inspire doucement, souffle lentement. »
9 : « Tu te sens en sécurité, inspire doucement, souffle lentement. »
8 : « Ton corps se détend complètement, inspire doucement, souffle lentement. »
7 : « Tu es apaisé, inspire doucement, souffle lentement. »
6 : « Ressens comme le calme est en toi, inspire doucement, souffle lentement. »
5 : « Tu te laisses aller vers le sommeil, inspire doucement, souffle lentement. »
4 : « Ta respiration est calme et tranquille, inspire doucement, souffle lentement. »
3 : « Tu te sens en sécurité et en confiance, inspire doucement, souffle lentement. »
2 : « Rien ne peut t'arriver, tu t'endors progressivement, inspire doucement, souffle lentement. »
1 : « Le sommeil est en toi, tu es bien et serein, inspire doucement, souffle lentement. »

Raconter une histoire

Vous pouvez adopter les formules proposées ici, les adapter ou en créer d'autres. Si vous suivez ce type de canevas, il vous sera ensuite très simple de l'adapter à des situations plus précises. Évitez si possible de trop utiliser l'actualité familiale ou personnelle de l'enfant, afin de ne pas le laisser s'endormir avec des sujets de réflexions trop intrusifs, sauf dans le cas où vous cherchez absolument à rassurer en parlant d'un événement qui a choqué votre enfant.

On commence par la présentation du héros (ses qualités et ses défauts). Puis un événement déclenche la quête du héros (celui-ci trouve une carte au trésor et va rechercher ce trésor, ou le héros a perdu un objet très important…). Le chemin de l'aventure se développe (il rencontre des amis qui vont l'aider, des ennemis qui veulent faire obstacle à sa quête). Il y a des combats, puis l'aventure se résout grâce à une solution qui passe par une épreuve finale. Le héros a réussi et la morale de l'histoire apparaît : il a réussi grâce à son courage, son endurance…

Gym respiratoire dans le lit

La respiration vient à bout de beaucoup d'excitation, de blocages émotionnels ou de tristesse. Vous pouvez très bien reprendre les mouvements ci-dessous et agrémenter les contes avec. Ce petit chemin est à faire dans le lit d'une manière douce et attentive. Quand on dit de faire lentement, c'est pour que le corps ait le temps de vivre tout le travail du cycle respiratoire et en recueille les fruits. Le sang véhicule l'oxygène et l'apporte dans chaque organe, l'harmonie se fait tranquillement. Demandez à votre enfant de vous imiter. Ce genre de chemin d'endormissement peut lui être utile toute sa vie. Pour l'instant, on peut découvrir le drap pour plus de commodité. L'important, c'est que l'enfant soit déjà allongé. L'ordre est essentiel, veillez-y.

- Les bras pliés sur la poitrine, l'enfant inspire par le nez en ouvrant très tranquillement ses bras sur chaque côté du corps, puis les ramène en faisant le son « aah ! » doucement, comme pour se libérer de trop de fatigue. À faire trois fois.

- Les bras le long du corps, l'enfant les tend ensuite au-dessus de la tête en inspirant, puis les ramène le long du corps en faisant le son « oah ! » doucement. Faire trois fois l'ensemble.

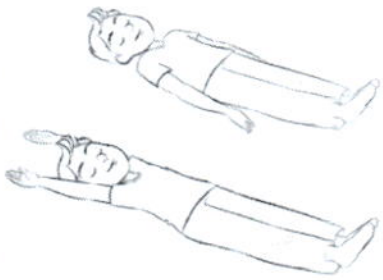

- Les deux voûtes de pied sont placées l'une contre l'autre et l'enfant plie ses genoux pour ramener ses deux pieds les plus proches possible du bassin. Il souffle en redéployant les jambes totalement et en faisant doucement le son « ououh ! ». Faire trois fois l'ensemble.

- L'enfant remonte ses voûtes plantaires, qui se touchent, et, en même temps, il tend ses bras au-dessus de la tête. Il souffle en redéployant l'ensemble tout en faisant doucement le son « éiéih ! ». Faire trois fois l'ensemble.

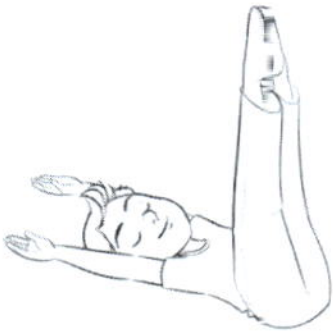

- Demandez à votre enfant de fermer les yeux, faites-lui un bisou, déclenchez une musique, s'il y en a, et quittez la chambre.
- Si votre enfant vous rappelle – sauf s'il vous teste – et si vous vous sentez d'y aller, vous venez vous informer, mais vous ne reprenez pas votre enfant dans les bras. Il doit rester dans son lit.

Les fleurs de Bach

Les fleurs de Bach pour les enfants, comme le modèle Rescue®, aident aussi quand des terreurs nocturnes ou des grosses peurs arrivent juste avant de s'endormir. Elles se prennent sous forme de gouttes à placer sous la langue. On obtient de très bons résultats. Pensez aussi à l'homéopathie, à voir avec un médecin.

VI - Le week-end et les vacances

Le week-end et les vacances sont des moments familiaux prioritaires par excellence. Il est donc indispensable de prévoir du temps, dans ces périodes courtes ou longues, pour construire ensemble des moments de bien-être. Cela ne signifie pas être tous ensemble en permanence, mais être comme le centre auquel on se réfère, l'axe majeur étant formé par les parents. Voici plusieurs propositions d'aménagement, qui vont renforcer la complicité parents-enfants et surtout construire une mémoire, sur le long terme, de passages de vie basés sur l'échange et l'apprentissage. Mine de rien, ce sont ces moments qui serviront de fondation, mais aussi de lieux ou de ressources, quand les enfants, devenus adultes, auront besoin de se remémorer des instants où l'harmonie a existé.

Pour le week-end

Le planning de fin de semaine

Même quand les enfants sont grands, les parents doivent savoir où se trouvent leurs enfants, à défaut de tout savoir sur ce qu'ils font (car vous ne saurez jamais tout). On peut donc construire un petit panneau, ou une simple ardoise, accrochée dans la cuisine, peut suffire. Remplissez-la avec les enfants. Ils prendront mieux conscience de tout ce qui se déroule et du temps demandé. Ils verront qu'ils sont inscrits sous certaines activités, qu'ils ne pourront donc pas ignorer, mais aussi les efforts que cela implique. Complétez en indiquant le temps de base pour chaque catégorie.

Check-list du week-end

- Les obligations courantes (faire les courses, faire le plein d'essence…) : ………
- Les activités obligatoires (nettoyage du linge et de la maison, jardinage…) : ………
- Les activités sportives et culturelles (club de natation, sortie au cinéma…) : ………
- Le programme décidé ensemble : ………

- Les moments particuliers (invitation du voisin, anniversaire…) : ………

Total : ………

Vous allez être surpris du peu de temps qu'il vous reste réellement pour aménager des séances de bien-être ensemble. Aussi, voici des pistes pour que certaines activités soient pratiquées dans la complicité et la bonne humeur.

Faire les courses

Si les enfants aiment bouger, dans chaque rayon ou vous devez acheter quelque chose, demandez-leur de repérer un article, qui comporte par exemple les couleurs vertes de l'étiquetage bio ou référençant le label rouge ou un AOC… Ce sera l'occasion de leur montrer qu'il existe des produits très surveillés, très respectueux de l'environnement et donc bons pour la santé. Vous pouvez aussi faire des concours de mouvements au ralenti. Les enfants adorent faire du théâtre devant les adultes (mais là, dans le calme).

Faire le plein peut être l'occasion pour un enfant de tenir le pistolet de la pompe et d'être bien concentré pour ne pas faire tomber d'essence à côté du réservoir. On peut aussi lui apprendre à gonfler les pneus et à découvrir le « + » et le « - » (ce qui fait grossir le pneu ou le fait diminuer), tenir le Kärcher® pour nettoyer la voiture, s'appliquer à faire briller la carrosserie…

Le rangement du linge peut être l'occasion de faire ranger par couleur d'abord, puis par forme et par poids (léger ou lourd). On peut organiser des concours chronométrés de trie et de rangement impeccable avec des prix gourmands (de temps en temps et avec vérification). Et des concours de silence (le plus long) peuvent être aménagés autour d'une vaisselle.

Activités du week-end

Le jeu de la méditation en famille

❶ Il est facile et amusant d'introduire la méditation en prenant comme prétexte l'écoute des sons de la nature ou de la maison. Voici plusieurs exercices, que vous pourrez ensuite compléter avec les méditations proposées à l'école.

Posez-vous au sol, si possible le dos droit. Mettez-vous en cercle, cela permet de voir chacun et d'observer ses réactions. Faites cette activité aussi bien à l'intérieur qu'en extérieur, et privilégiez-la quand vous êtes en week-end, ce moment d'échanges apportera détente pour tous.

❷ Chacun ne fait que poser son attention sur un point au sol. Pendant par exemple les trois premières minutes et quoi qu'il se passe, le regard ne va pas ailleurs. Ne faire que cela peut être très difficile pour n'importe qui. En même temps, chacun est totalement branché sur sa respiration, ressent bien son ventre, qui se gonfle à l'inspiration et se dégonfle à l'expiration.

Toujours en fixant son regard sur un point, chacun écoute uniquement les sons environnants : d'abord les sons les plus lointains, puis à mi-chemin, puis les sons proches et enfin les sons que font les autres participants (respiration, froissement d'un vêtement…). Faites cet exercice pendant encore 3 minutes.

❸ Bien dans le présent et en massant un peu chaque paume, chacun reprend le contact visuel. Tour à tour, les participants évoquent quels sons lointains ils ont entendu, les sons à mi-chemin, les plus proches, les plus personnels… Vous verrez les différents centres d'intérêt : les sons qui fascinent l'un et ceux, pourtant évidents pour vous, qui n'ont pas du tout été perçus par l'autre. Le plus important, c'est que la concentration et l'attention ont, pendant ce temps-là, été intenses.

Vous pouvez faire évoluer cette méditation en faisant découvrir une musique. C'est l'occasion de comprendre ce qu'un proche apprécie dans ce type de musique, de voir et d'entendre les sonorités avec une oreille, qui s'attache surtout à distinguer chaque instrument (un instrument devant, l'autre en fond), des sons puissants, doux et effacés, des rythmes saccadés ou rapides…

Les couleurs des musiques

Ce qui est intéressant, quand on écoute une musique, c'est le fait de pouvoir y rattacher une palette d'émotions et de couleurs. Aucune musique n'est neutre. Le fait de ne pas aimer une musique est déjà en soi une information. Vous avez des chanteurs adulés par certains et complètement ignorés par d'autres. Certaines compositions amènent le bleu (le blues), d'autres font broyer du noir, d'autres encore évoquent le soleil, les tropiques...

Voici une manière de bien comprendre un proche, enfant ou parent, grâce au choix musical qu'il propose. Les émotions suggérees par celui-ci ne sont quelques-unes parmi beaucoup d'autres. Vous essayerez de les rattacher à votre écoute. Ce sera très enrichissant pour chacun et vous pourrez ajouter vos impressions personnelles.

Une séance d'écoute musicale en famille

Dans vos activités du week-end, prévoyez cette séance. Précisez que tout participant vient faire découvrir une composition (attention : ce ne doit pas être que de la musique de détente) et doit expliquer pourquoi il apprécie ce style, mais aussi ce qu'il évoque ou provoque intérieurement quand il l'écoute.

- Chacun est posé confortablement à côté des enceintes. Le silence est de rigueur. On peut faire quelques amples respirations tous ensemble afin de lier la famille dans une volonté d'écoute et de respect. Le premier participant annonce le titre et le groupe, et l'écoute commence.
- À la fin de l'écoute, ce sont d'abord ceux qui ont écouté qui livrent leurs sentiments. Il leur est demandé de s'exprimer avec peu de mots, sans longues explications. On évoque une émotion (ou deux au maximum) et une couleur : « triste et beau, de couleur bleue » ou « dynamique et festif, tout rouge ». Il est amusant aussi d'ajouter le choix d'un animal ou d'un paysage (ou les deux), qui correspondrait au sentiment ressenti : « doux et agréable, de couleur verte comme la forêt » ou « hyper-agressive, noire comme un chat ». Cela oblige chacun à personnaliser et à montrer comment il conceptualise la musique.
- Chacun explique dans quel cas il écouterait cette musique : « pour me redonner la pêche », « pour me calmer »…

- Enfin, celui qui a choisi le titre s'exprime aussi avec les mêmes principes : « Pour moi, c'est une musique joyeuse et pleine d'amour, rose comme un ciseau. »

Vous vous apercevrez que chaque proche est aussi une entité à part, avec ses propres repères et ses impressions particulières. Après plusieurs séances, ce sera aussi l'occasion de comprendre l'évolution émotionnelle de vos proches : un enfant qui n'écoute que de la musique triste, un autre que du hard rock… Sans vouloir vous paniquer, cela signifie quand même qu'il y a une tristesse répétée ou un besoin d'exprimer avec force quelque chose. Ces séances sont à la fois récréatives et instructives.

Le yoga en famille

En complément du yoga à l'école, voici une manière pour tous de faire travailler le corps, tout en s'amusant. Chacun fait à sa mesure, il ne s'agit pas de faire des concours d'endurance ou de musculation. Le yoga, c'est aussi l'école de l'humilité.

Les échauffements

Ils sont indispensables. Bras en l'air et les mains croisées, étirez lentement votre colonne en inspirant et en montant vos mains le plus haut possible. Soufflez en redescendant les mains. Faites cet exercice trois fois. Puis, les mains en l'air, penchez doucement le buste sur le côté en inspirant, revenez au centre en soufflant et inspirez en penchant le buste de l'autre côté. Soufflez en revenant au centre. Faites trois fois l'ensemble.

Pensez que vous tenez une cruche d'eau dans vos mains et que vous désirez la renverser derrière vous. Inspirez en montant vos deux mains au-dessus de la tête, amenez la tête en arrière (sans cambrer le dos ou tordre la nuque) et soufflez. Puis revenez en position debout, les bras le long du corps. Faites trois fois l'exercice.

Les jambes écartées et les voûtes plantaires bien au sol, tendez votre bras gauche tout en pliant votre buste pour aller toucher (si possible et sans forcer) votre pied gauche avec votre main droite, et inversement. Faites trois fois l'ensemble.

Allongé sur le dos, les bras le long du corps et les paumes des mains posées en appui sur le sol, pliez vos genoux et faites des mouvements de bicyclette afin d'échauffer tous les muscles.

À la fin de l'échauffement, relevez-vous en douceur, par le côté du corps.

La salutation au soleil

C'est un enchaînement de mouvements, qui se révèle complet pour le travail corporel, car tous les muscles sont sollicités. Le mieux est de le faire bien et doucement. N'hésitez donc pas à découper cet enchaînement en plusieurs fois, chaque participant corrigeant l'autre.

Commencez par la position debout, puis progressez lentement selon les schémas ci-dessous.

Jouer à la balançoire

Faites cet exercice doucement, afin de bien faire travailler le dos et les articulations. C'est un très bon exercice de motricité pour tous. Assis, chacun positionne ses plantes de pieds contre celles de l'autre, se tient par les mains à l'autre et imprime un mouvement de balancier en avant et en arrière. On arrive aussi à le faire pratiquer les yeux fermés, ou en chantonnant ensemble, la bouche fermée.

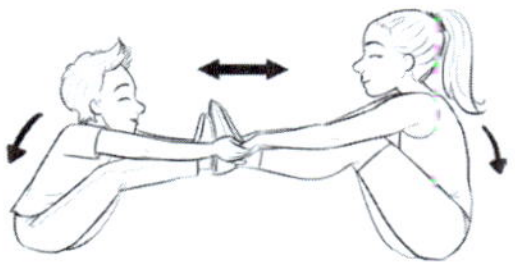

La quille

Profitez de rester assis au sol. L'enfant prend ses pieds, en passant les mains et les bras sous les genoux, et s'amuse à aller vers l'avant, l'arrière et les côtés.

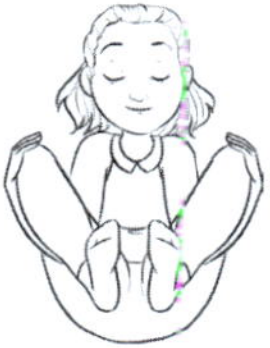

La grenouille

Les enfants s'accroupissent et tentent de rester en équilibre en gardant les mains les paumes croisées entre les

deux genoux pliés. Ils s'aident en appuyant leurs coudes sur les genoux.

L'étoile

L'enfant met un genou à terre, soulève l'autre jambe en arrière en la laissant droite, et tend l'autre bras en avant. Demandez-lui de garder l'équilibre pendant au moins 1 minute. Puis il fait l'autre côté.

Le poirier

Cette posture demande à être bien échauffé. Certains la font en un clin d'œil, mais il est mieux de procéder par étapes et de bien respecter les limites de chacun. La colonne vertébrale et les lombaires se doivent d'être bien protégées. Il n'est donc pas question de faire un concours ! L'enfant peut utiliser l'aide d'un mur pour poser ses pieds dessus au départ, ce support l'aidera déjà à prendre confiance.

Il commence allongé sur le dos et les genoux pliés. Il ramène les genoux vers le ventre et place ses paumes de mains sous les lombaires. Il lève les jambes et les tend à la verticale. Puis il soulève tout son bassin, en prenant bien soin de ne pas « casser » sa nuque – celle-ci se détendra parfaitement si les mouvements sont faits progressivement. Il s'aide de ses mains pour soutenir ses lombaires et a les deux coudes bien posés au sol afin que le bassin et la colonne soient dans l'axe. Il peut rester ainsi 1 minute, en soufflant pour oxygéner parfaitement son cerveau et faciliter la circulation sanguine. Ensuite, il pourra tenir la position plus de temps. S'il fait le poirier face à un mur, il peut aussi poser ses pieds dessus, les jambes toujours tendues, afin de se reposer un peu.

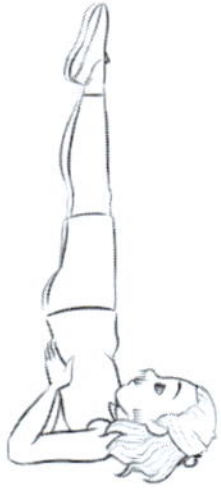

L'archer

Les enfants se mettent debout. Les jambes écartées, ils doivent imiter lentement un archer qui va tirer sa flèche. Ils commencent donc par saisir doucement une flèche posée dans le carquois (situé derrière leur dos) avec la main droite, tandis que la main gauche se lève progressivement pour monter l'arc, le bras tendu. La main droite se rapproche donc de l'autre main pour déposer la flèche sur la corde de l'arc, ainsi que le pied gauche, afin de mettre tout le corps de profil et pouvoir viser la cible. L'enfant plie légèrement sa jambe gauche pour bien aligner le corps, tend symboliquement la corde et laisse la flèche partir. L'important, c'est de bien surveiller toute la coordination des mouvements. Si possible, faites faire l'exercice en silence. Ensuite, changez de côté du corps pour renouveler l'activité.

Vous pouvez compléter ou remplacer ces petites séries du week-end par celles apprises à l'école ou déjà répétées en famille. À la fin de ces séances, n'oubliez pas de calmer l'enfant par une relaxation ou une écoute musicale. Ce dernier enracine ainsi mieux ses acquis et relâche encore mieux son corps. Il sera donc ensuite en pleine harmonie.

Les combats de tranquillité

Tout en s'amusant, il est bien de profiter d'un instant de complicité familiale pour que chacun puisse se défouler, tout en se concentrant. C'est le but des combats de tranquillité.

Chacun écrit sur un papier un ou deux sports de combat qu'il apprécie (boxe, escrime, sumo, karaté…) ou un sport de course (équitation, natation, 110 mètres haies, vélo…). Chaque papier est mis dans une boîte, et un enfant en tire un. Il choisit son partenaire pour effectuer ce combat, ou cette course, qui va durer 3 minutes. Mais ici, tout va se faire au super-ralenti, en exagérant les mouvements. On a la possibilité de parler ou de crier, mais en décomposant les mots, qui sont prononcés très lentement. L'effet de défouloir et anti-stress est assuré. C'est aussi idéal à faire entre copains quand il pleut dehors.

Une détente à la mer

Le va-et-vient de l'eau apaise. Le balancement est à la base de l'endormissement. Jouer à la vague vous garantit, par exemple en fin d'après-midi quand l'énervement peut se faire sentir, d'arriver à plus de quiétude (pour tous !). Il faut juste assez de place pour que chacun, allongé et les bras en croix, ne dérange pas son voisin. Pour créer un véritable espace cocooning, lumière douce et musique douce sont bienvenues et appréciées. Une personne dirige le jeu (en restant assise ou allongée).

- Chacun de nous représente une vague. Pour faire vivre cette vague, il faut bouger lentement comme ceci : assis sur son fessier et les jambes allongées, chacun fait dérouler ses fesses de gauche à droite et de droite à gauche. Les jambes et le haut du corps suivent le mouvement. Si vous vous penchez vers la droite, votre bras gauche s'élève et vous évite de tomber de l'autre côté. Si vous vous penchez vers la gauche, votre bras droit fait le contrepoids. On commence par une toute petite vague… Puis, avec la marée, les vagues grossissent, avec des mouvements plus brusques et plus saccadés. On finit par la tempête : on va rapidement à droite et à gauche et les bras évitent de tomber.
- Un gros bateau traverse les vagues. Attention : il faut tenir bon. On fait de grands sursauts, comme si l'on était touché par la proue du bateau, en équilibre, les jambes levées et les bras en croix pour tenir. Évitez le bateau en

tournant sur votre fessier, les bras en l'air et les jambes levées.

- Maintenant, le vent a cessé et le bateau est au loin. La mer est calme, plate comme un lac. Allongez-vous doucement. Au-dessus de vous brille le soleil. Lentement, avec vos mains, cherchez à attraper ses rayons. Levez vos bras et vos mains et attrapez-les. Profitez quelques instants de cette chaleur.
- Attention : le ciel se couvre et le vent se lève. Les vagues se forment de nouveau : on s'assied les bras en croix. Des dauphins jouent dans les vagues et viennent vous chatouiller sous les pieds, amusez-vous avec les dauphins...

Et l'histoire repart...

Créer un jeu positif

Il est bien de pouvoir utiliser le week-end pour chasser les humeurs noires, remettre du positif dans la famille, aussi bien pour les enfants que pour les adultes. Voici plusieurs pistes.

Les belles choses

La règle est simple : chacun parle d'une manière positive d'un sujet choisi à partir d'un simple mot. Par exemple, le sujet est la montagne. Chacun prend la parole à tour de rôle. Le premier s'empare du mot et émet des idées positives comme « la montagne est belle et agréable » ; le deuxième reprend et ajoute sa note positive : « la montagne est belle et agréable pour aller se balader » ; le troisième surenchérit : « la montagne est belle et agréable pour aller se balader et écouter la nature »... Le jeu s'arrête quand un joueur a oublié une phrase ou ne trouve pas de note positive supplémentaire à dire. C'est alors à lui de proposer un nouveau thème.

Ce jeu peut aussi être l'occasion de partir d'un sujet vécu délicat et de poser dessus un regard plus constructif, avec des solutions souvent inattendues.

Vider son sac

Il s'agit de chanter et de s'exprimer. Exprimer par le mime et le chant tout ce qui leur passe par la tête aide vos enfants à se relâcher, à ne pas ruminer leur colère, joie, ennui, tristesse, dynamisme, incompréhension… La règle est de ne pas parler, mais uniquement de chanter et d'utiliser son corps pour mieux faire comprendre ce qui est ressenti. Cela peut être mis en scène avec de la musique. On peut imiter un animal ou un événement, se vêtir d'un costume… tout ce qui est bon pour dire et faire comprendre. Si quelqu'un veut participer, poser des questions et répondre, il le fait de la même manière. Cela demande seulement un cadre formel – un espace dédié et un coup de chronomètre – afin de pousser l'enfant à bien synthétiser son expression.

Pour les vacances

Les vacances sont l'occasion pour chacun de recharger ses batteries. Vous devez d'abord choisir votre lieu en fonction de la qualité de l'air. C'est la qualité de l'oxygène qui va pousser votre sang à faire son travail chimique de rénovation des organes, donc favoriser votre récupération nerveuse et cellulaire. Toujours sur le plan nerveux, regardez bien les réactions de chacun, par exemple face à l'iode de la mer ou à l'air vif de la montagne. À quoi cela sert-il de faire plaisir, si, à chaque fin de vacances, tout le monde est sur les nerfs ?

Ensuite, essayez toujours de manger local pour goûter aux aliments de saison. Pourquoi se nourrir de plats chauds en plein été, alors que le cru devrait être prioritaire ? Adaptez-vous à l'endroit, aussi bien au niveau alimentaire qu'au niveau des choix d'activités. Si vous êtes au bord de l'eau, favorisez la nage, la voile ou la plongée. La montagne demande à marcher, escalader, glisser… Chaque endroit est un élément particulier qui doit guider votre choix et être expliqué aux enfants.

Si chacun a des activités différentes dans la journée, les repas en commun sont indispensables, et au moins une activité familiale de loisir par jour est indispensable. Sinon, vous ne vous retrouverez que pour les tâches ménagères, et les humeurs désagréables ressurgiront. Il est inutile de préciser que toute activité d'intérieur (jeux vidéo, par exemple) doit toujours être encadrée. Rassurez vos enfants : d'ici peu, l'école se fera avec les tablettes numériques en classe, ils auront donc largement de quoi utiliser ce matériel.

Tout le livre vous propose des activités qui peuvent aussi être développées ou approfondies en vacances. Pensez-y !

Voici des pistes très simples, idéales en période de repos. Elles combinent bien-être et réflexion.

L'art-thérapie

L'art-thérapie, c'est exercer un art (dessin, sculpture…) pour exprimer ce que l'on est. C'est un excellent médiateur pour se calmer et parler de soi ou des autres. Cette activité est idéale les jours de pluie, quand les enfants ne peuvent pas sortir. On peut également la pratiquer en extérieur, quand le temps le permet, pour éviter de tâcher ou de salir.

Le coloriage

L'envol des petits cœurs

Chacun dessine des petits cœurs originaux sur une grande feuille. Puis on marque dedans les prénoms des personnes à qui on aurait envie d'offrir un peu de bonheur. C'est l'idéal pour donner un peu d'amour à distance, mais aussi pour parler des êtres qui nous manquent.

On peut aussi ajouter une méditation guidée de compassion. Voici un texte dont vous pouvez vous inspirer :

« Ferme tes petits yeux, imagine un petit cœur devant toi, comme sur un écran de cinéma, comme s'il continuait à exister visuellement. Tu peux voir la forme du cœur, sa couleur, ses nuances… Si tu as du mal à le voir, rouvre les yeux quelques instants, observe bien le cœur dessiné et recommence les yeux fermés. Sinon, développe en toi un sentiment d'amour et de joie que tu as envie de faire partager à quelqu'un – un ami, un proche, un animal de compagnie… »

« Maintenant, imagine-toi offrir ce petit cœur à un proche et le lui donner directement. Serre-le dans tes bras, apporte-lui de la douceur, de la tendresse… Embrasse-le et reviens ici dans le présent tranquillement, en respirant doucement. Ouvre tes yeux, tu peux être fier, tu es un créateur de bonheur. »

Le qui fait quoi

Reliez quatre grandes feuilles blanches en les scotchant par en dessous. On peut dessiner dessus, ou coller des sujets découpés dans des magazines… On choisit un thème général, par exemple la graine.

Le premier participant dessine en haut à gauche une graine végétale. Le deuxième joueur doit trouver la conséquence possible à associer pour chaque mot. Par exemple, il peut penser : « Une graine amène une plante. » Après la graine, il dessine ou colle donc une plante. Le troisième complète avec une plante qui fleurit. Et il dessine une fleur… et ainsi de suite sur les quatre pages. **Cet exercice oblige les enfants à faire preuve d'imagination et, mine de rien, à développer petit à petit une histoire**. Poussez-les à créer des petites aventures, comme : la plante fleurie rencontre un jardinier bougon. Et ce jardinier reçoit la pluie sur la tête. Puis la pluie fait déborder la rivière…

Autres activités de créativité

Le magicien

Vous pouvez faire pratiquer ce petit exercice de créativité par plusieurs enfants face à vous, avec le texte suivant.

« Respirez doucement, inspirez par le nez et soufflez par la bouche. Fermez les yeux et continuez à respirer à votre rythme. Imaginez que vous avez une baguette magique qui permet de revoir des événements déjà vécus, des moments agréables ou non. Choisissez maintenant cet événement grâce à votre baguette magique. Revoyez la scène ou, au moins, ressentez-en l'ambiance. Maintenant, grâce à cette baguette magique, vous pouvez agir sur cet événement, le changer en une expérience pleine de joie ou, si c'était une expérience difficile, lui apporter une solution positive, afin qu'elle ne vous embête plus. Vous allez créer un beau nuage tout blanc. Posez votre souvenir dessus et soufflez dessus. Le nuage repart loin dans le ciel et le ciel reste bleu. Au revoir, bons et mauvais souvenirs ! C'est aussi simple que ça, la magie ! C'est vous, et vous seul, qui créez la forme à donner à vos expériences de vie. »

Enfin, ramenez les enfants dans le présent en les faisant respirer calmement et en les laissant se poser quelques instants.

Le pied pour tous

Cet exercice est idéal pour se sentir bien et rigoler. Tous les membres de la famille se mettent les uns face aux autres, de façon à ce qu'un pied soit facilement accessible aux mains du voisin le plus proche.

Voici le cheminement à suivre pour pratiquer correctement ce massage de groupe : chacun tient un pied, la voûte plantaire face à lui. Celui qui masse pose au centre de la voûte plantaire le bout de son pouce (attention : il faut avoir les ongles bien coupés !). Appuyez doucement avec le pouce sur le centre du pied et faites des petits cercles, en les agrandissant au fur et à mesure. Puis appuyez avec votre pouce sur chaque petit coussinet situé juste avant les doigts. Prenez un doigt entre le pouce et l'index, faites-le un peu tourner, massez-le en allant vers le bout et appuyez à la fin sur le bout du doigt plusieurs fois. Étirez légèrement le doigt en le faisant tourner. Passez à l'autre pied.

Faire pousser des graines germées

Apprendre le cycle des plantes, c'est simple, surtout quand on peut ensuite les manger directement dans son assiette. Les graines germées sont très riches en acides aminées et excellentes pour la santé (en cas d'allergie au gluten, on évite les graines de blé).

Avec vos enfants, allez choisir, si possible en magasin bio, des graines faciles à faire pousser :

luzerne, graines de soja, lentilles vertes… Trouvez un bocal en verre vide, un petit carré de mousseline, qui puisse couvrir l'ouverture du bocal, et un élastique. Les enfants doivent prendre un peu de graine (environ 1/5e du bocal), les passer sous l'eau pour les rincer tranquillement et les poser au fond du bocal. Ils couvrent d'eau les graines (pas plus), les laissent tremper si possible une nuit entière dans ce bocal. Le lendemain, ils les rincent bien sous l'eau claire, vident l'eau restante, ferment le bocal, y placent le carré de mousseline sur l'ouverture et le bloquent avec l'élastique. Un adulte renverse le bocal la tête en bas et le positionne à 45° afin d'éviter que les graines ne s'entassent. Par exemple, c'est idéal de le poser sur un égouttoir à vaisselle en plastique. Il faut renouveler l'opération de rinçage et de nettoyage une fois par jour, en remplissant doucement le pot d'eau et en le renversant. Au bout de trois jours, les premières pousses sont disponibles. Vous pouvez les consommer quand elles dépassent 3 cm. Apprenez surtout bien aux enfants à mâcher longuement ces graines. Ils bénéficieront d'autant plus des qualités nutritives et gustatives de leurs apports en minéraux. Les variétés de moutardes ou de radis roses ou noirs piquent un peu : certains enfants en raffolent, pensez à en agrémenter vos salades fraîches.

Activités de souffle et respiration en pleine nature

La respiration est la clé du bien-être. Il est bien plus simple de faire comprendre cela aux enfants en extérieur qu'en intérieur. Plus elles sont répétées régulièrement, plus elles sont actives. Voici des rappels d'activités performantes pour faire découvrir ce rythme personnel et ce rythme saisonnier que les parents se doivent de pratiquer avec leurs enfants.

Exercices de respiration à faire seul

1. Positionnez-vous, le dos contre l'arbre dominant du lieu. En inspirant par le nez, imaginez que toute la force de l'arbre pénètre votre bassin et remonte le long de votre colonne. Soufflez et laissez cette force se répandre en vous. Faites cela pendant quelques minutes afin de profiter de cette harmonie saisonnière, ce sont vos repères. Puis entourez

l'arbre de vos bras. Le câlin végétal de remerciement commence.

❷ Allongé sur le dos au sol, respirez en sentant bien vos épaules, vos mains, votre bassin et vos pieds en plein contact avec l'énergie de la terre. Laissez vos yeux se balader vers la cime des arbres, le ciel… Portez juste votre attention sur l'air qui rentre et sort de vos narines. Si des pensées ou des rêveries interfèrent, revenez à votre souffle. Comme les nuages dans le ciel, les pensées passent, et vous vous sentez bien, en paix.

❸ Marchez en regardant le sol, ne prêtez attention qu'à cela. Puis marchez en arrière en regardant en l'air, concentrez-vous sur le positionnement de votre corps. Tous vos repères changent, profitez de ce lâcher-prise pour vous détendre… Tout votre cerveau est au travail.

❹ Asseyez-vous en lotus devant un paysage profond. Portez votre regard au plus loin et essayez de détailler la vie naturelle. Puis revenez à mi-chemin et faites de même. Enfin, à 2 m, détaillez, sans analyser, toute trace de vie. Refaites cet exercice avec une écoute sonore. Attention et concentration se développent.

L'écoute du souffle de l'autre

Très directe, cette méditation apporte beaucoup d'informations sur la façon dont chacun vit ses émotions. Cela élargit la connaissance de l'autre et affine les perceptions de chacun.

- Chacun se positionne au sol, dos à dos avec un proche. D'abord, les deux participants essayent de respirer ensemble, sur le même rythme et le même temps d'inspiration ou d'expiration.
- Puis l'un va écouter la respiration de l'autre un certain temps, et inversement. C'est l'occasion de ressentir comment une personne peut être différente de ce que l'on perçoit d'elle, car le souffle ne triche pas. Il peut être vif, violent, doux, très court, très long, chargé de tristesse…
- Chacun échange, sur le ton du respect, ses impressions et ce qu'il a découvert de l'autre.

La marche du silence

Faire le silence n'est pas évident dans un environnement naturel. En revanche, cela développe l'attention et permet, par des rythmes différents, de bien se détendre. Pour cela, on arpente une première distance à un rythme normal. Sur le top du chef de clan, on parcourt une courte distance plus rapidement, puis une autre très vite. Puis, toujours au top, on revient à un rythme un peu accéléré, puis normal. Ces balades rythmiques, progressives et dégressives au niveau des mouvements, forcent chacun à bien contrôler sa respiration et à prendre conscience du mouvement nécessaire pour être totalement dans l'ici et le maintenant, en détente.

Conclusion

Vous disposez maintenant d'une bonne panoplie d'outils pour agir au quotidien sur les humeurs des enfants. Pensez bien qu'un enfant, pour aimer ce que vous lui transmettez, doit sentir que vous approuvez ces activités et les pratiquez vous-même (tant pis pour votre fierté, si c'est parfois difficile). Dites ce que vous faites et faites ce que vous dites.

Tous ces séances et petits coaching sont autant d'informations sur les capacités de vos enfants. N'oubliez pas qu'ils n'ont que leur âge, que tout n'est pas accessible et simple tout de suite et qu'il leur faut du temps pour assimiler, comprendre et faire. En revanche, ne soyez pas naïf non plus : si leur corps est jeune, vous vous apercevrez très vite que leur esprit est très bien en place et qu'ils savent profiter du fait de n'être que des enfants.

Cette mémoire du bien-être passé ensemble est une mine d'or pour la famille. Tous ces moments parfois ardus ou compliqués, parfois faciles et limpides, forment un socle commun, où effort et bien-être sont parfaitement associés. Il faut se mettre en action pour se sentir bien, rien ne se fait sans avancer d'un pas.

Toute leur vie, vos enfants sauront s'endormir avec « le compte à rebours », appris page 121. Il leur sera facile de mieux se maîtriser à l'adolescence grâce aux exercices anti-stress, d'entretenir leur corps avec le yoga, de revenir en eux et de travailler leur immunité psychologique face aux influences diverses, grâce aux différents exercices de méditation.

Pour vous, c'est l'occasion de découvrir ou approfondir certaines approches. Cet échange enrichit chaque jour le socle familial. Ensuite, c'est à vous de le développer en apportant d'autres activités, en y incluant d'autres proches ou copains… et le fil se tend entre familles et nouveaux amis. C'est le but du bien-être : s'ouvrir et partager.